보좌를 경험하라 1

보좌를 경험하라1

1판 1쇄 발행 | 2024년 11월 11일

저　　자 | 허남억
발 행 인 | 허남훈
발 행 처 | 창과 방패
출판등록 | 2024년 9월 26일

주　　소 | 경기도 용인시 기흥구 동백중앙로 177, 4층 409호
전　　화 | 031) 266-1225
팩　　스 | 0504) 007-3326

값 12,000원

ISBN 979-11-989884-0-9, 03230

ⓒ 판권 저자 소유
이 책은 일부분이라도 저자의 허락 없이는 무단복제 할 수 없습니다.
Printed in Korea

자기 백성에게 보내는 하나님의 최고 선물

보좌를 경험하라! 1

저자 허남억

창과 방패

모르드개가 이 모든 일을 알고
자기의 옷을 찢고 굵은 베 옷을 입고
재를 뒤집어쓰고 성 중에 나가서 대성통곡하며
대궐문 앞까지 이르렀으니
굵은 베 옷을 입은 자는 대궐문에 들어가지 못함이라
에스더 4:1-2

에스더가 모르드개에게 회답하여 이르되
당신은 가서 수산에 있는 유다인을 다 모으고
나를 위하여 금식하되 밤낮 삼 일을 먹지도 말고 마시지도 마소서
나도 나의 시녀와 더불어 이렇게 금식한 후에
규례를 어기고 왕에게 나아가리니 죽으면 죽으리라 하니라
에스더 4:15-16

제삼 일에 에스더가 왕후의 예복을 입고
왕궁 안뜰 곧 어전 맞은편에 서니
왕이 어전에서 전 문을 대하여 왕좌에 앉았다가
왕후 에스더가 뜰에 선 것을 본즉 매우 사랑스러우므로
손에 잡았던 금 규를 그에게 내미니
에스더가 가까이 가서 금 규 끝을 만진지라
왕이 이르되
왕후 에스더여 그대의 소원이 무엇이며 요구가 무엇이냐
나라의 절반이라도 그대에게 주겠노라 하니
에스더 5:1-3

서문

열린 문 앞에 서는 자

    목적지가 없는 배는 역풍을 만나지 않습니다. 바람 부는 대로 밀려가면 되기 때문입니다. 그러나 목적지가 분명한 배는 역풍을 만납니다. 더불어 흔들리는 것을 두려워하지 않습니다. 흔들리지 않고 항해하는 배는 없다는 것을 스스로 알기에 역풍과 흔들림을 감내하고 항해를 시작합니다. 배는 항구에 정박해 있기 위함이 아니라 항해하기 위해 건조되었기 때문입니다.

    그리스도 예수 안에 들어온 사람은 세상 속에서 세상과 반대 방향으로 살아갑니다. 몰아치는 역풍에 맞서서 항해하는 배처럼 두려움 없이 구원을 이루어갑니다. 예수님을 믿는다는 이유로 자기에게 일어나는 모든 일을 하나님의 뜻으로 포장하지 않습니다. 바람이 부는 대로 흘러가는 수동적인 사람이 되지도 않습니다. 대신 구원을 이루어야 하고, 사명을 가진 자로서 하나님 앞에서 할 일을 묻습니다. 그리고 자신을 변화시키기를 주저하지 않습니다. 구원을 이루는 과정에서 자기 안의 걸림돌을 발견하고 제거함으로써 날마다 새로워집니다.

　우리는 모두 이루어야 할 목표가 있고, 또 목표를 이루기 위해 가야 할 길이 있습니다. 그것은 사람의 길이 아니라 하나님의 길입니다. 하나님은 우리보다 차원 높은 생각을 가지고 계시며, 우리가 알지 못하는 수많은 방법을 제시하십니다. 하나님을 주인으로 모신 사람은 자기 생각과 방법을 고집하지 않습니다. 대신 하나님의 생각과 방법대로 쓰임 받기 위해 하나님 앞에서 훈련받을 것이며, 훈련의 과정을 통해 깨어지고, 깨어짐을 통해 변화하고 성숙할 것입니다.
　하나님의 일은 하나님의 방법으로만이 가능합니다. 사람의 방법은 자기만족을 위한 도구일 뿐입니다. 하나님 앞에서 가장 큰 죄인은 자기 사명을 이루지 못한 사람이라는 것을 알면, 우리는 자신의 사명을 묻고 그것을 이루는 길을 또한 묻고 따라야 합니다.

　하나님께서 사람을 새롭게 하시는 방법은 깨어짐입니다. 하나님의 길을 가고자 하는 사람은 깨어짐과 부서짐을 두려워하지 않아야 합니다. 우리가 깨어지지 않고 부서지지 않으면서 하나님과 하나 될 수는 없습니다. 이미 하나님께서 깨어지고 부서진 분이시기 때문입니다.

　하나님의 사람은 하나님을 손님으로 맞이한 것이 아닙니다. 자신의 주인으로 모신 사람입니다. 집의 주인이 바뀌면 모든 것이 바뀝니다. 먼저 청소와 도배를 하고, 가구와 가전을 새로운 것으로 배치합니다. 자고 일어나는 시간이 바뀌고, 식사시간과 메뉴가 바뀝니다. 뿌려야 할 씨앗과 일하는 방법이 바뀝니다. 옛 주인이 사용하던 것은 이제 흔적이 없습니다. 좋은 새 주인의 뜻과 방법에 자신을 맞추어야 합니다. 옛 주인의 종으로 길들여졌던 모든 것을 새롭게 바꾸어야 새 주인과 살아갈 수 있습니다.

그런데 우리의 생각은 여전히 나약하고, 상태는 여전히 악하며, 습관은 죄에 익숙합니다. 그러나 이제 그리스도 안에서 구원을 이루어가는 사람은 이전의 이런 모든 것을 바꾸어야 합니다.

하나님 앞에 서고자 하는 사람은 하나님의 거룩하심 같이 자신을 거룩하게 변화시켜야 합니다. 하나님은 사랑하는 자녀에게 친히 그 방법을 말씀하셨고, 말씀하신 방법대로 자신을 변화시키고자 애쓰는 자녀를 기다리십니다.

우리는 '상대적' 하나님이 아니라 '절대적' 하나님을 믿는 자들입니다. 하나님 앞에서 우리는 먼지와 같은 존재입니다. 자기주장이나 자기 방법을 억지 주장해서는 안됩니다. 하나님은 모든 일을 그 마음의 원하는 대로 역사하시는 분이시기 때문입니다.

대신 우리는 매 순간 하나님의 인도하심 안에서 살아가고 있음을 고백할 수 있어야 합니다. 하나님의 말씀으로 자신을 기경하며, 자신을 허무는 우상숭배와 자신을 묶고 있는 상처와 원한을 하나씩 제거해야 합니다. 그리고 자신의 문제와 억압에서 빠져나올 수 있어야 합니다.

신앙의 문제는 자신을 돌아보지 않는 것에 있습니다. 예수 그리스도의 보혈이 모든 죄를 씻고 모든 것을 새롭게 하지만, 사람이 고집하며 붙잡고 있는 죄는 건드리지 않습니다. 하나님 앞에서 새롭게 되기를 원하는 사람은 숨겨져 있던 죄와 상처, 붙잡고 있던 자기 의와 탐욕을 깨뜨리고, 또 익숙한 습관과 생각까지 고쳐야 합니다. 그때 하나님께서 새로운 길을 제시하십니다.

하나님 앞에서 자기를 고집할 필요는 없습니다. 자신의 속마음과 실패를 숨길 필요도 없습니다. 만약 우리가 하나님 앞에서 속마음을 숨긴다면 우리 역시 가룟 유다가 될 수 있습니다. 하나님 앞에서 자신의 실패를 숨기지 않아야 합니다. 불순종한 사울 왕처럼 되고 싶지 않다면 말입니다.

하나님 앞에 무릎 꿇은 사람이 모든 것을 할 수 있는 사람입니다. 순종은 자기를 포기한 소수의 사람만이 할 수 있습니다. 모든 일을 자기의 뜻대로 결정하시고 일하시는 하나님의 계획에 따를 용의가 있고, 변화를 두려워하지 않는 사람만이 순종에 동참할 수 있습니다. 과연 누가 끝까지 무릎 꿇고 순종할 수 있겠습니까? 우리가 정말 하나님을 사랑한다면 무조건 순종할 수 있어야 합니다. 전적인 순종은 하나님의 사람이 가져야 할 당연한 의무이기 때문입니다.

우리에게는 하나님께서 주신 독특한 부르심과 사명이 있습니다. 이것이 없는 사람은 없습니다. 우연히 이 시대, 이 땅을 살아가는 것이 아닙니다. 하나님의 세밀한 계획에 따라 우리가 오늘을 살아가고 있습니다. 우리 모두 하나님의 계획을 이루는 자로 하나님 보좌 앞에 서도록 소속을 분명히 하여야 합니다. 주인이 누구인지 바로 인식하고 주인의 뜻을 물어야 합니다. 그때 길을 만드시고 길을 여시는 하나님께서 모든 것을 알게 하실 것입니다.

하나님은 우리가 입맛대로 만든 하나님이 아니라 우리를 지으신 주인이십니다. 하나님은 우리가 더 성숙한 사람으로 이 땅을 살아가며, 자신과 세상을 변화시키길 원하십니다.

그런데 '왜 우리는 힘없고 능력 없는 모습으로 이 땅을 살아갈까? 왜 매일같이 닥쳐오는 문제에 빠져 한 치 앞을 보지 못할까? 무엇이 잘못된 것일까?' 고민하며 하나님 앞으로 나아가길 원하는 이들에게 이 책이 도움이 되면 좋겠습니다.

이 책은 저의 개인적 경험과 신앙, 그리고 치유의 관점에서 집필되었습니다. 어떤 이에게는 도움이 되고, 누군가에게는 부담이 되며, 어떤 이는 도전을 받고, 누군가는 마음이 불편할 것입니다. 또 판단하기 좋아하는 이들에게는 비판의 빌미가 될 것입니다. 그럼에도 출판하는 이유는 하나님 앞에서 변화와 성숙을 원하는 이들에게 작은 힘이 되고, 문제의 막다른 골목에서 주저앉은 이들에게 작은 길이 되길 희망하기 때문입니다.

2024년 9월 동백의 작은 서재에서
저자 허남억 목사

C·O·N·T·E·N·T·S

서 문 ❈ 열린 문 앞에 서는 자

여정의 시작 ❈ "내가 너의 예배를 몇 개나 받았는지 아니?"

완전한 패배 ·· 18
자아 ·· 21
육체의 본성 ·· 27
깨뜨리심 ·· 31

가 치 ❈ "너는 나의 보배니라! 나는 너의 보화니라!"

하나님의 보배 ·· 39
대체불가의 존재 ·· 41
영혼몸 ·· 45
영과 혼 ·· 47
몸 ·· 52

관계   "네 가문의 우상숭배니라!"

단절	58
항복	60
아버지와 아들	64
존재와 관계	67
관계와 배제	72
하나님과 연합	81
관계의 방해물	85

죄   "사람에게는 선한 것이 정말 하나도 없단다!"

본성적 악	92
자기 착각	98
사람의 길과 하나님의 길	102

자 세   "너는 사역을 내려놓아라! 그리고 무릎을 꿇고 배워라!"

주인과 종 ·· 110
종의 의무 ·· 116
순종의 방해물 – 자아 ·· 119
순종의 방해물 – 수치 ·· 123
순종의 방해물 – 경험과 두려움 ·· 127

상 태   "너는 나를 가짜라고 하지 않았니?"

혀 – 성도의 권세 ·· 132
말 – 쌍날 검 ··· 135
조급함 – 불완전한 믿음 ·· 140

자 아   "시편에 너의 이름을 넣어서 읽어라! 그러면 좋은 일이 있을 것이다."

은혜의 시작 - 기경하기 ………………………………………… 151
가나안 7족속 - 가라지들 ……………………………………… 154
자기만족 ……………………………………………………………… 156
교만과 두려움 ……………………………………………………… 158
양보 없는 전쟁 …………………………………………………… 161
신앙으로의 길 ……………………………………………………… 163

바깥뜰   그곳은 거대한 체스판이었습니다.

삶의 모습 …………………………………………………………… 173
몸의 역할 …………………………………………………………… 176
바깥뜰의 기도 ……………………………………………………… 180
  ·이방인의 기도 ·경솔한 기도 ·탐욕의 기도

미주&참고문헌 ……………………………………………………… 188

우리가 알고 있는 하나님과 진짜 하나님과는
전혀 다른 경우일 때가 많다.
-플로이드 맥클랑-

여정의 시작

"내가 너의 예배를 몇 개나 받았는지 아니?"

눈앞에 아주 넓은 들판이 펼쳐져 있었습니다. '이렇게 넓은 들판이 있을 수 있구나.'라고 생각할 때, 눈앞에 정육면체로 반듯하게 깎고 반들거리게 연마한 검은색 대리석이 나타났습니다. 한 면의 길이는 1.5m 정도였습니다. 그리고 대리석 위에 머리와 앞뒤 발과 꼬리가 잘리고 내장이 깨끗하게 손질된 소가 올려졌습니다. 단정하고 깔끔했습니다.

장면이 조금씩 멀어지는가 싶더니, 저의 좌우편 뒤쪽에서 앞쪽으로 긴 열차가 마치 증기기관차처럼 증기를 내뿜으며 달려갔습니다. '들판에 무슨 열차가 달리지?'라고 생각하는데 어느 순간 달리던 열차가 멈추었습니다. 그런데 멈춘 것은 열차가 아니라 바로 앞에서부터 저 멀리까지 끝이 보이지 않을 만큼 일렬로 세워진 대리석과 그 위에 놓인 제물들이었습니다.

어느덧 이제는 제가 하늘 위에서 내려다보고 있었습니다. 마치 국립묘지의 장병들 묘지구역처럼 종으로 횡으로 한 치의 흐트러짐도 없이 정돈되어 끝없이 펼쳐져 있었습니다.

그때 앞쪽 하늘에 이글거리는 불이 보였습니다. 거꾸로 휘몰아치는 불의 혀가 하늘에서 땅으로 내려왔습니다. 마치 토네이도가 만들어지는 모습과 비슷했습니다. 그런데 제물들 위를 순찰하듯 돌아다닐뿐 제물에 닿지 않았습니다. '이상하다. 왜 제물을 태우지 않지?'라고 생각할 때에 한 음성이 들렸습니다.

"네가 드린 예배니라!"

음성은 조용하고 차분했습니다. 그러나 세상 모든 소리를 합친 것보다 더 무거운 음성이었습니다. 순간 '내가 드린 예배인데 왜 불이 붙지 않지?'라는 생각이 들었습니다. 그때 제 생각을 읽으신 듯 말씀하셨습니다.

"내가 너의 예배를 몇 개나 받았는지 아니?"

순간 '이렇게 물으시는 것은 나의 예배를 몇 개 밖에 받지 않으셨다는 것인데!'라고 생각하면서, 그래도 자신 있게 '아! 네다섯 개~'라는 말을 하려는 순간 다시 말씀하셨습니다.

"내가 받은 예배는 두세 개니라!"

"아니 주님! 제가 교회를 출석하고 지금까지 30년을 그렇게 열심히 예배하고 봉사하고 전도하고 섬겼는데 고작 두세 개라니요?"라고 말하는 순간 저는 현실에 와 있었습니다.

완전한 패배

충격이었습니다. 피가 거꾸로 흐르고 몸의 모든 세포가 서로 충돌하고 부서지는 느낌이었습니다. 사실 그때까지 스스로 누구보다 열심 있다고 생각했습니다. 100명 남짓 모이는 시골 교회에서부터 정말 열심이었습니다. 중학교 3학년 때부터 주일학교 교사를 하고, 학생부 예배, 성가대원, 주일예배까지 공예배를 빠진 적이 한 번도 없었습니다. 고교 시절에는 금요일 야간자습을 마치면 바로 교회로 가서 혼자 철야기도를 하고 아침에 귀가하여 다시 학교로 갔습니다. 교회 일이면 뭐든 정말 열심히 했습니다. 신학 공부를 시작한 이후 전도사, 강도사, 목사로 나름대로 최선을 다해 섬겼습니다. 새벽 시간이면 샤워를 하고 예배 30분 전에 나아가 기도하고, 가장 늦게까지 자리를 지켰습니다. 다른 어떤 것보다 기도와 예배만큼은 신중했고 정확했습니다. 누구에게도 뒤지지 않는다고 생각했습니다.

그런데 제가 드린 기도와 예배의 주인께서 마치 영화의 한 장면처럼 보여주시면서 직접 말씀하셨습니다.

"*내가 받은 예배는 두세 개니라!*"

그날부터 20일 동안 일어나지 못했습니다. 몸의 모든 기운이 빠졌고 아주 진한 몸살을 하는 듯했습니다. 20일째 되는 날 생각이 들었습니다. '내가 왜 이런 몸살을 하지? 이런 적은 한 번도 없었는데! 아~ 그 환상 때문이었구나!' 그것을 깨닫는 순간 바로 일어났습니다.

그 후 달라진 것이 있다면 우선 예배를 다듬지 않습니다. 스스로 만족하는 모습으로, 성도에게 보여주기 위해 애쓰지 않습니다. 말씀을 꾸미지 않습니다. 하나님의 말씀은 설교자를 돋보이게 하는 것도, 청중의 귀를 즐겁게 하는 것도 아니기 때문입니다. 예배하는 자가 자신을 돋보이게 한다면, 그것은 주제넘은 불순종을 한 후 하나님의 포도원(갈멜)에 자신을 위한 기념비를 세운 사울 왕과 같을 것입니다. 그것은 예배를 빙자한 자기 자랑에 불과합니다.

예배시간에 아이에게 한자리에 "가만히 있으라!"고 구속하지 않습니다. 아이의 본성은 3분 이상 가만히 집중하지 못합니다. 아이는 뛰어놀면서도 자기에게 필요한 것은 거의 다 듣습니다. 아이는 아이답게 예배하고 어른은 어른답게 예배하는 것이 최상의 예배입니다. 예배의 시간과 형식에 맞춰 자신을 포장하는 것을 경건이라 할 수 없습니다. 예배시간에 가만히 앉아서 숨만 쉬어야 한다는 것은 사람이 만든 법입니다. 주님은 자유케 하시는 분이십니다. 인간의 고유한 성품을 결박하거나 억압하지 않으십니다. 시간 속에서 변화하고 성숙할 것을 누구보다 잘 아시기 때문입니다.

　예수님이 바리새인의 외식을 경계하신 이유가 조금 이해되었습니다. 예배를 방해하는 것은 예배실 밖의 소음이 아니었습니다. 그것은 바로 저의 생각이었습니다. 제가 원하는 방식으로 드린 저 중심의 기도와 예배가 문제였습니다. 그때까지 저는 예배로 주인되신 하나님을 이기려 했던 것입니다.
　주님은 겉이 아니라 속을 꾸미길 원하십니다. 심히 부패하고 가증한 것이 우리의 마음이기 때문입니다. 성경은 이 마음을 '육'이라고 합니다. 흔히 '자아'라고 표현됩니다.

자아

　자아는 '사고, 감정, 의지, 체험, 행위 등의 여러 작용을 주관하는 통일된 주체로서 자기 자신에 대한 의식이나 관념'입니다. 정신분석학의 창시자로 불리는 '지그문트 프로이드'(Sigmund Freud, 1856년~1939년)는 '자신이나 타인에게 해를 끼치지 않고 본능적인 욕구를 충족시킬 수 있는 인지능력'이라고 했습니다. 결국 자아는 자기 본능의 욕구를 만족시키기 위해 생각하고 말하고 행동하게 하는 주체입니다.

　그러므로 자기 본능의 욕구를 충족하려는 자아의 문제가 해결되지 않고는 하나님 가까이 나아갈 수 없습니다.

　자신의 욕구를 만족시키기 위해 움직이는 자아는 저의 모든 것을 새롭게 하시려는 하나님을 거부하고 밀어내었습니다. 저의 본성적 자아가 전적으로 타락했기 때문이었습니다. 그리스도 예수 안에 들어온 이후 "의롭다."는 선언을 받았지만, 그것은 법적인 선언일 뿐이었습니다. 생각은 여전히 악하고 마음은 부패한 상태로 죄성을 담고 있었습니다. 생각의 틀 안에 하나님을 가두고 하나님을 마음대로 조종하려는 엄청난 잘못을 예배시간마다 저지르고 있었습니다.

   그 날 이후 십여 년 지났습니다만, 아직도 그 음성이 저의 신경을 타고 흐르는 것만 같습니다. 생각할 때마다 전율이 느껴지고 또 겸손해집니다.

우리는 모두 하나님께로 더 가까이 가려는 욕심을 가지고 있습니다. 사실 신에게 더 가까이 가려는 것은 모든 사람의 소망입니다. 저마다 자신의 방법으로 자신이 믿는 신들에게 가고자 안간힘을 씁니다. 신자인 우리도 하나님께로 나아가 그 얼굴 뵈옵기를 소원합니다. 그런데 그것은 타락한 본성을 가진 사람의 방법이 아니라 하나님께서 이미 정해 놓으신 방법으로만 가능합니다.

성경은 무엇을 말하고 있습니까? 어떤 방법을 제시하고 있습니까? 우리는 성경에서 방법을 찾고 또 그 길을 갈 수 있어야 합니다. 하나님을 만나는 것이 모든 믿는 자의 소원이지만, 소원을 이루는 길은 하나뿐입니다. 들어갈 수 있는 문도 하나뿐입니다.

우리는 하나님을 만나는 길을 알아야 하고, 그 문으로 들어가야 합니다. 예수님께서 휘장 가운데로 열어놓으신 길이 생명의 길이라는 사실을 우리는 이미 알고 있습니다. 그러나 신앙은 아는 것으로 그쳐서는 안 됩니다. 열린 문 앞에 설 수 있어야 합니다. 만약 보좌에 계신 하나님을 안다고 하면서 만나지 못한다면 그것은 신앙이 아니라 공상일 뿐입니다.

성경은 "우리가 성소에 들어갈 담력"을 얻었다고 기록하고 있습니다. 예수님이 열어 놓으신 생명의 길을 가는데, 믿는 자는 누구나 당연히 갈 수 있어야 하고 또 가야만 하는 곳인데 '은혜'가 아니라 '담력'이라고 말하고 있습니다.

그곳으로 들어가기가 쉽지 않다는 것이고, 아무나 갈 수 있는 곳이 아니지만, 원하는 자는 들어갈 수 있어야 하고, 또 들어가야 한다는 뜻입니다. 성소에 들어갈 담력이라는 말은 조금만 더 생각하면 성막뜰까지는 담력 없이도 갈 수 있다는 뜻입니다. 도대체 무엇이 성소에 들어갈 담력입니까? 어떻게 해야 그 담력을 가질 수 있습니까? 물론 우리가 그렇게 좋아하고 자랑하는 믿음입니다. 그러나 하나님은 '온전한 믿음' 이외에 하나를 더 요구하십니다.

우리가 마음에 뿌림을 받아 악한 양심으로부터 벗어나고 몸은 맑은 물로 씻음을 받았으니 참마음(카르디아스, καρδίας)과 온전한 믿음으로 하나님께 나아가자 히 10:22.

우리가 하나님께로 나아가는데 필요한 다른 하나는 참마음(카르디아스, καρδίας)입니다. 그런데 예수님은 자신의 마음과 우리의 마음이 다르다는 것을 분명히 말씀하셨습니다.

나는 마음(카르디아, καρδία)이 온유하고 겸손하니 나의 멍에를 메고 내게 배우라 그리하면 너희 마음(프쉬케, ψυχή)이 쉼을 얻으리니 마 11:29.

예수님은 자기의 마음을 '카르디아, καρδία'로 말씀하셨습니다. 이 단어는 단순히 몸의 일부로서의 심장을 의미하는 것이 아닙니다. 인간이 가진 전인격의 핵심적 좌소를 의미합니다. 우리의 자아의식이 생성된 후의 경험과 지식과 관련된 뇌의 활동이 아니라 그 이전의 심장과 뇌의 활동입니다.[1) 그런데 우리의 마음은 '프쉬케, ψυχή'로 말씀하셨습니다. 예수 그리스도의 마음과 구별되는 생물학적인 생명의 혼, 자아입니다.[2)

마음이 새로워지지 않으면 자신이 중요한 존재라는 느낌을 받기 위해, 그리고 이웃의 눈에 중요한 존재로 보이기 위해 자신을 꾸미게 됩니다. 이것이 외식이며 자기 의입니다.

이처럼 예수님이 열어놓으신 휘장 앞에 설 수 있는 사람은 온전한 믿음과 함께 참마음(카르디아스, καρδίας)을 소유한 사람입니다. 생물학적인 마음(프쉬케, ψυχή)이 아니라 예수님과 같은 마음(카르디아, καρδία)의 소유자입니다. 어떻게 하면 생물학적인 마음을 예수님과 같은 마음으로 바꿀 수 있겠습니까?

우리가 '예수님의 마음처럼' 될 때 예수님과 온전한 관계가 이루어집니다. 이때 친밀함이 형성되고 유지됩니다. 예수님과의 관계를 통한 친밀함이 없다면 우리는 언제든지 넘어질 수 있기 때문입니다.

신앙에 있어서 가장 중요한 순간 가운데 하나는 예수님이 이 땅에 재림하시는 때입니다. 만약 예수님과의 관계를 통한 친밀함이 없다면 누구도 예수님 앞에 나아갈 수 없습니다. 예수님이 재림하시면 알아볼 수 있을 것으로 생각하지만 사실은 알아볼 수 없습니다. 그 이유를 성경은 이미 2,000년 전에 실물로 보여 주었습니다.

예수 그리스도께서 처음 이 땅에 오셨을 때, 예수님은 힘없는 자의 모습으로 오셨습니다. 가난한 집의 작은 아이로 오셨습니다. 그런데 예수님이 오시기 전에 온 자가 있었습니다. 로마의 권세를 등에 업고 이스라엘의 왕으로 온 헤롯 1세였습니다. 그는 자기 영광에 도취되어 있었습니다. 어린아이로 오신 예수님을 죽이려 했고, 많은 아이를 도살했습니다. 또 자신의 왕권에 집착한 나머지 부인과 3명의 아들을 처형할 정도로 포악했습니다. 아들 헤롯 안티파스는 세례 요한을 처형했습니다. 손자 헤롯 아그립바 1세는 빌라도와 결탁하여 예수님을 십자가에 못 박았습니다.

사람은 눈에 보이는 영광과 권세를 가진 이의 말을 듣습니다. 물론 예수님이 최고의 영광과 최고의 권세를 가지고 다시 오십니다. 그런데 문제는 광명의 천사로 위장한 사탄이 먼저 온다는 것입니다. 예수님이 재림하시기 전, 예수님으로 위장한 사탄이 더 화려한 모습으로 먼저 올 것이 분명합니다. 예수님을 믿는 많은 사람이 여기에 속을 것입니다. 그때 많은 사람이 그 앞에 무릎 꿇을 것입니다. 예수님이 "말세에 믿는 자를 보겠느냐?"고 하신 이유가 바로 이것입니다. 그래서 성경은 마지막 때에 배교자가 많을 것이라고 경고합니다.

지금 눈앞에 있는 존재가 예수님으로 위장한 사탄인지, 아니면 진짜 예수님인지 어떻게 분별할 수 있겠습니까? 이때 필요한 것이 무엇이겠습니까? 바로 관계를 통한 친밀함입니다. 신앙생활에서 친밀함이 반드시 있어야 하는 이유가 이것입니다.

예수님과의 친밀함이 없으면 스스로 자기의 걸림돌이 될 것입니다. 그때는 누구를 원망할 수도 없습니다. 그래서 우리는 지금 예수님의 마음을 소유할 수 있어야 합니다. 지금 예수님께 더 가까이 나아가 존전을 경험해야만 합니다. 그리고 매일 함께 하는 친밀한 삶을 살아야 합니다.

육체의 본성

하나님께로 가는 길에 있어서 최고의 방해물은 우리 안에 있는 자아입니다. 우리 안에는 하나님의 옳은 목적과 대적하는 사탄의 씨앗이 산재해 있다는 것을 인식한다면, 하나님의 백성을 구원하는 유일한 수단으로서 하나님의 공정한 심판이 있어야 함을 인정해야 합니다.3) 우리는 하나님의 공정한 심판이 있기 전에, 우리 안에 산재한 사탄의 씨앗을 제거해야 합니다. 이 씨앗들이 자라면서 우리를 오염시키고 견고하게 하기 때문입니다.

자아의 문제를 해결하지 못하면 결국 자아가 우리를 삼킬 것입니다. 육체적으로 피곤하고 지치면 숨어있던 자아는 반드시 우리를 잡고 넘어질 것입니다. 자아 스스로 강해지면 우리를 죽이려 할 것이며, 자아의 문제가 우리의 목숨을 빼앗을 것입니다. 신앙에 있어서 자아의 문제는 결코 타협이 있을 수 없습니다. 조그마한 인정도 용납되지 않습니다.

우리는 '블레즈 파스칼(Blaise Pascal, 1623-1662)'이 표현한 인간의 내면 상태를 받아들일 수 있어야 합니다.

인간이 얼마나 기이한 종족인가! 얼마나 고상하고, 얼마나 기괴하며, 얼마나 뒤죽박죽이고, 얼마나 모순투성이고, 얼마나 놀라운 존재인가! 만물의 심판자이자 허약한 지렁이이고, 진리를 담는 그릇이며, 의심과 오류의 구렁텅이인 동시에 우주의 영광이자 찌꺼기가 아닌가!4)

한편 '달라스 윌라드(Dallas Willard, 1935-2013)'는 인간의 선택과 능력에 대하여 다음과 같이 기록하고 있습니다.

나는 내가 두 길 가운데 하나를 취할 수 있음을 안다. 즉 악에 대한 내 시각으로 하나님에 대한 시각을 결정해 그분을 재단할 수도 있고, 거꾸로 하나님에 대한 시각으로 악에 대한 시각을 결정함으로써 그분을 높일 수도 있다.5)

사실 우리는 감정의 울타리에 하나님을 가두거나, 지성의 논리로 하나님을 재단하거나, 의지의 힘으로 하나님께 대항하거나 아니면 탄원하고 부르짖습니다. 성경은 이런 본성을 '육체'로 정의합니다.

육체(사륵스, σὰρξ)의 소욕은 성령을 거스리고 성령의 소욕은 육체(사륵스, σὰρξ)를 거스리나니 이 둘이 서로 대적함으로 너희의 원하는 것을 하지 못하게 하려 함이라 갈 5:17.

육체로 번역된 '사륵스, σὰρξ'는 '몸'이나 '물리적인 육체'로 번역되지만, 영과 관련해서는 영과 대립하는 '타락한 인간의 부패한 본성'을 뜻합니다.6) 그래서 예수님께서도 '육'은 무익하다고 분명히 말씀하셨습니다.

> 살리는 것은 영이니 육(사륵스, σὰρξ)은 무익하니라 내가 너희에게 이른 말이 영이요 생명이라 요 6:63.

자아가 깨어지지 않으면 결코 우리 안에 임하시는 하나님의 빛을 발산할 수 없습니다. 자아는 자신과 다른 모든 것을 논쟁거리로 삼기 때문입니다. 꼬리에 꼬리를 무는 논쟁은 결론이 나지 않습니다. 그러나 자아가 깨어지고 영이 자라날 때 우리의 모든 논리는 다 무너집니다. 그래서 'A.W. 토저(Aiden Wilson Tozer, 1897-1963)'의 말처럼 예수님은 사람의 자아를 끝장내기 위해 세상에 오셨습니다.7) 이런 자아는, 아무리 좋은 말로 한다 해도, 결코 진실이 아니며 기껏해야 진실의 그림자 정도에 지나지 않기 때문입니다.8)

사실 하나님은 타협 없이 일을 추진하십니다. 그러나 땅에서 추진하는 일에는 반드시 사람을 사용하십니다. 사람을 사용하시기 전에 먼저 사람의 모든 육체적 본성을 깨뜨리고 제거하십니다. 그래서 하나님과의 만남은 훈련의 시작입니다. 하나님께서 강한 군사로 만드시는 훈련은 깨어짐입니다. 깨어짐이 하나님 가까이 나아갈 자격을 줍니다. 깨어지고 부서지고 빻아지는 것은 선택이 아니라 필수입니다. 이 시간은 하나님께 항복하는 시간입니다. 스스로는 할 수 있는 것이 아무것도 없어서 자기의 한계를 깨닫는 시점입니다.

깨뜨리심

　하나님께서 누군가를 정금처럼 변화시키시고자 할 때 사용하시는 방법 중 하나는 결핍을 통한 깨뜨림입니다. 그래서 아브라함이 약속의 땅에 들어오자 기근이 시작되었습니다. 이삭이 유업을 받자 기근이 시작되었습니다. 광야를 지나는 이스라엘 백성도 여정에서 끊임없이 결핍을 경험했습니다. 하나님께서 누군가를 훈련시키실 때 결핍이 제외된 경우는 없었습니다.

　하나님은 결핍을 통하여 지성과 의지가 스스로 무엇을 하려는 시도 자체를 포기하게 하십니다. 무엇을 할 것인지에 대한 생각조차 가질 수 없는 상황 속에서 항복할 때 비로소 건져 내십니다.

　우리는 "하나님! 보십시오. 이만큼 순종했습니다." "하나님! 이만큼 사랑합니다." "하나님! 십일조를 드리고 주일을 지키고 이만큼 봉사했습니다."라고 말합니다. 그러나 하나님께서 주시는 사랑에 비하면 우리의 헌신은 깃털보다 가볍고 티끌보다 더 작습니다.

그것을 모르고 하나님 앞에서 고개를 꼿꼿하게 하는 것이 자아입니다.

하나님은 마치 화인 맞은 것처럼 단단한 자아를 쟁기로 기경하고 곰방메로 깨뜨리십니다. 그 후에 비로소 씨앗을 뿌리십니다. 씨앗은 부드러운 땅에 뿌리를 내리고, 또 부드러운 땅을 뚫고 새싹을 틔웁니다. 영적인 것도 자연적인 원리를 벗어나지 않습니다. 영적인 것이나 자연적인 것이나 하나님께서 하시는 방법은 동일하기 때문입니다.

하나님의 말씀이 우리 안에 뿌리를 내리고 자라기 위해 굳은 마음을 반드시 기경하고 깨뜨려야 합니다. 하나님과 교통하기 위해 겉사람은 반드시 깨어지고 부서져야 합니다. 누구도 이 과정을 건너뛸 수는 없습니다.

하나님의 말씀을 자기 편리대로 받아들이고, 자기 형편에 맞게 조율하거나, 자기 목적을 위해 기도한다면 그것은 신앙이 아니라 종교입니다. 종교는 자기 만족을 위해 하나님을 만들고 이용할 뿐, 하나님과의 관계 속으로 들어가지 못합니다. 이처럼 종교화된 기독교는 미신과 다를 것이 없습니다. 하나님에 대한 신앙을 자기 만족을 위한 도구로 전락시켰기 때문입니다.

미신적 기독교는 본래의 하나님 대신 자신이 만든 하나님을 추구합니다. 개인적인 평안과 풍요를 제공해 줄 것을 요구하면서, 자신이 하나님께 적응하기보다 하나님이 자기의 변덕에 적응하시기를 원합니다.9) 사람이 하나님을 경배한다고 하면서도 자유를 누리지 못하는 것은 바로 자신이 만든 하나님을 섬기고 있기 때문입니다.

하나님과의 친밀함 속으로 들어가려면 붙잡고 있던 모든 익숙한 것을 놓아야 합니다. 화인 맞은 마음을 깨고, 자기만족을 포기해야 합니다. 지성과 의지와 감정의 터널에서 빠져 나와야 합니다. 숨겨져 있던 죄와 상처, 붙잡고 있던 자기 의와 탐욕 같은 죄들을 인정하고 찾아 드러낼 때, 쓴 뿌리는 하나님 앞에서 무기로 바뀝니다.

우리가 회복하면 힘들었던 만큼 힘든 사람을 도울 수 있습니다. 극복한 상처만큼 상처 가진 사람을 위로할 수 있습니다. 그러므로 상처나 아픔, 실패나 좌절이 무조건 나쁜 것만은 아닙니다. 그것을 숨겨두고 부인하면 악의 통로가 되지만, 하나님 앞에서 인정하면 하나님이 쓰시는 무기로 회복되기 때문입니다.

겉보기에 보잘 것 없이 보여도
하나님의 선하심을 보여주지 못하는 피조물은 없다
-토마스 아 켐피스-

가 치

"너는 나의 보배니라."
"나는 너의 보화니라."

어느 날, 여러 가지 일에 지친 상태로 기도의 자리에 앉았습니다. 그즈음 원치 않는 일들이 사방에서 연이어 일어났습니다. 사건 사고의 종합 채널과도 같았습니다. 다른 곳으로 채널을 돌릴 수도 없었습니다. 좋지 못한 소식은 제가 막을 수 있는 것이 아니었습니다. 마치 끄는 스위치가 없는 라디오와 같았습니다.

　기도의 자리에 앉았지만 기도를 할 수 없었습니다. 하나님을 구하는 것조차 두려웠습니다. 위로로 끝나는 것이 아니라 분명할 일을 말씀하실 것이기 때문입니다.

　그런데 하나님은 항상 저의 예상을 비켜 가시거나 뛰어넘으셨습니다. 저의 생각의 한계 안에 머무신 적이 한 번도 없으십니다. 그날은 무슨 말로 시작할지 몰라 침묵하며 모든 것을 자신 없어 할 때 속삭이듯 말씀하셨습니다.

"너는 나의 보배니라!"

생각지도 못하고, 전혀 예상하지 못한 말씀이었습니다. 음성에 그저 감동할 뿐이었습니다. 사람은 누구나 세상의 유일한 존재입니다. 인류 역사 이래로 지금까지 저와 똑같은 사람은 없었습니다. 장차 있을 영원 속에서도 저와 똑같은 사람은 없을 것입니다. 하나님은 한 분 하나님이시고, 저는 하나뿐인 존재입니다.

저를 보배라 말씀하셔서 감격스러워하는데, 문득 '그러면 하나님은 뭘까?'라는 생각이 들었습니다. 바로 그때 제 생각을 읽으신 듯 동일한 음성으로 또 말씀하셨습니다.

"나는 너의 보화니라!"

하나님은 제 속을 빤히 들여다보고 계셨습니다. 제가 무엇을 생각할지 이미 아시고 대답을 미리 준비하신 것 같았습니다. 저는 하나님 앞에 또 항복했습니다. 생각을 감찰하시는 하나님께 항복할 수밖에 없었습니다. 보화는 시간이 지날수록 더 큰 가치를 가지는 것처럼, 하나님은 영원 속에서 우리가 붙잡고 사랑해야 할 분이십니다. 보화이신 하나님은 우리의 여정에 필요한 모든 것을 공급하시고 채우십니다. 여정에 필요한 모든 지혜와 지식도 공급하고 채우십니다.

보화는 발견하는 자의 것입니다. 그런데 예수님은 이미 우리에게 자신을 보이시고 다가오셨습니다.

> 그 안에는 지혜와 지식의 모든 보화가 감추어져 있느니라
>
> 골 2:3.

더 충격적인 것은 이 음성을 듣고 만 2년이 흐른 때였습니다. 서류를 정리하다가 우연히 신앙 일기를 발견하면서였습니다.

> 어제는 11시가 조금 안되어 잠이 든듯하다. 꿈을 꾸었다. 음성이 들렸다. "너는 나의 보배니라!" 동시에 마태복음 10장의 말씀이 눈에 들어왔다. '저 말씀은 제자들에게 주신 말씀인데!' 그러면서 또 잠이 들었다.
> 오늘 새벽에 또 한 꿈을 꾸었다. 누가복음 10장의 말씀에 네모반듯하게 테두리가 처져 있었다. 그리고 "나는 너의 보화니라!"라는 음성이 10번쯤 들렸다. -0000년 2월 1일-

"너는 나의 보배니라!" "나는 너의 보화니라!" 이 분명한 음성을 그때 이미 꿈에서 보고 들었지만, 기록만 해놓은 채 기억하지 못하고 있었다는 사실 때문이었습니다. 저의 마음이 그만큼 완고했던 것입니다.

하나님의 보배

　우리는 모두 하나님의 보배입니다. 보배의 가치는 가공된 후에 결정됩니다. 우리는 자신이 생각하는 것보다 훨씬 가치 있는 존재입니다. 세상의 그 어떤 것과도 비교할 수 없는 하나님의 형상을 지니고 있습니다. 또 세상의 그 어떤 것보다 독특한 용도를 저마다 가지고 있습니다.

　공간의 개념으로 보면 우리는 너무나 작습니다. 광활한 우주에 비하면 먼지에 불과합니다. 시간의 개념으로 보면 인생은 너무 짧습니다. 영원에 빗대면 이 땅에서의 삶은 촌음에 불과합니다. 능력 면에서 보면 너무나 연약합니다. 하나님이 함께하지 않으시면 할 수 있는 것이 없습니다. 지혜의 면에서 보면 너무나 부족합니다. 하나님께서 열어주셔야만 깨달을 수 있습니다.

　우리는 우리를 향하신 하나님의 마음도 알지 못합니다. 때로는 의심하고, 때로는 어린애처럼 떼를 씁니다. 부족함과 연약함, 미련

함과 게으름만 보입니다. 그리고 자신과 이웃에 대한 가치를 모르고 죄를 짓습니다. 그런 우리를 향해 하나님은 말씀하십니다. "너는 나의 보배니라." 우리를 지으신 하나님께서 친히 우리의 가치를 책정하시고 선포하신 최고권위의 결정문입니다.

대체불가의 존재

　농부는 땅의 성질을 알고 땅에 맞는 씨앗을 뿌립니다. 그처럼 우리의 마음 밭을 너무나 잘 아시는 하나님은 우리 안에 다양한 은사와 부르심의 씨앗을 뿌려 놓으셨습니다. 그리고 시간 속에서 싹을 틔우고 자라게 하십니다.

　사랑 안에서 자란 모든 은사는 높고 낮음이 없습니다. 크고 작음도 없습니다. 다양할 뿐입니다. 다양성을 인정하지 않으면 누구나 시험에 빠질 수 있습니다. 다양성을 인정하는 것이 결국 자신을 살립니다. 다르기 때문에 하나님께서 각각 다른 것을 주시고 다른 용도대로 적재적소에 사용하실 것이기 때문입니다.

　우리는 모두 대체불가의 존재입니다. 인류 역사 이래로 똑같은 사람은 없었습니다. 물론 앞으로도 없을 것입니다. 우리는 그만큼 유일하고 특별한 존재입니다. 만약 모든 것이 똑같은 사람이 한 사람 더 있다면 그것은 하나님께서 실수하신 것입니다. 그러나 걱정할 필요가 없습니다. 하나님은 실수가 없으십니다.

만물의 주인이신 하나님께서 우리를 다양하게 만드셨고 다양하게 사용하십니다. 하나님의 사랑 안에서 자아가 부서진 사람은 이웃의 다양성을 인정할 줄 압니다. 오늘날 세계 인구가 75억 명이라면 75억 개의 다양성을 인정해야 합니다. 하나님의 눈으로 그들을 보기 때문입니다. 다른 사람을 판단하거나 시기하거나 질투하지 않습니다. 하나님으로 만족하기 때문입니다.

그러나 자아가 살아있는 사람은 항상 조급하고 자기중심적이며 이웃의 다양성을 인정하지 않습니다. 상황에 따라 감정이 요동치는 어린아이와 같기 때문입니다. 기쁨과 슬픔, 웃음과 울음이 순간순간 교차합니다. 하나님은 이처럼 변덕이 심한 사람에게 일을 맡기지 않으십니다.

또 자아는 자기가 중심이 되기를 원합니다. 그에게 시간과 상황은 중요하지 않습니다. 모든 일이 자기가 생각하는 대로 움직여 주기를 고집하며 떼를 쓸 뿐입니다.

하나님과 같이 될 수 있다는 뱀의 유혹에 빠진 하와는 선악과를 따먹고 아담에게도 먹게 했습니다. 하나님은 그들을 책망하셨고 또 약속을 주셨습니다. 에덴동산에서 쫓아내시고 할 일을 부여하셨습니다. 이때 하와는 가인을 낳고 "내가 여호와로 말미암아 득남하였다."고 했습니다. "내가 아들을 낳았다."는 말은 단순한 말이 아니었습니다. 하와는 하나님께서 뱀에게 하신 말씀을 들었기 때문입니다.

> 내가 너로 여자와 원수가 되고 하고 너희 후손도 여자의 후손과 원수가 되게 하리니 여자의 후손은 네 머리를 상하게 할 것이요 너는 그의 발꿈치를 상하게 할 것이니라 하시고
> 창 3:15.

하와는 자기가 낳은 아들이 자신을 유혹했던 뱀의 머리를 밟을 존재라고 생각했습니다. 그래서 '내가'라는 말로 자신을 치켜세웠습니다.

그런데 뱀의 머리를 밟을 줄 알았던 아들 가인이 동생 아벨을 죽이고 하나님 앞에서 쫓겨났습니다. 이때 하와는 자신의 조급함과 자기중심의 생각을 내려놓았습니다. 그래서 셋째 아들 셋을 낳은 후에는 "하나님이 내게 가인이 죽인 아벨 대신에 다른 씨를 주셨다."고 했습니다.

'내가 하나님으로 말미암아 아들을 낳은 것'과, '하나님이 내게 다른 씨를 주신 것'은 엄청난 차이가 있습니다. 하나는 '내'가 주체가 되었고, 다른 하나는 '하나님'이 주체가 되셨습니다. 우리의 찬양과 기도, 그리고 예배에서도 하나님을 뒤로 밀어두고 '내'가 주인공이 될 수 있습니다. 하나님께서 드러나셔야 할 바로 그곳에서 말입니다.

특히 '씨'는 자라고 꽃이 피고 열매를 맺고, 다시 뿌려지고

자라고 꽃이 피고 열매를 맺습니다. 씨는 하나님께서 뱀의 머리를 밟을 시간이 되기까지 끊임없이 준비되어야 하는 아들이었습니다. 하와는 두 명의 아들을 잃은 후에야 비로소 말씀의 뜻을 이해할 수 있었습니다.

영·혼·몸

　사람은 영과 혼과 몸으로 존재합니다. 그리고 혼은 감정과 지성과 의지로 구성되어 있습니다. 그런데 이들은 힘을 사이좋게 3분의 1씩 공평하게 나누어 가지지 않습니다. 지성과 의지를 합친 것보다 감정이 더 크고 더 강하고 더 견고합니다. 그래서 감정이 지성과 의지를 지배합니다. 지성의 어떤 논리도, 의지의 어떤 열정도 어김없이 감정에 굴복합니다. 감정은 어떤 양보나 타협이 없는 독재자일 뿐입니다.

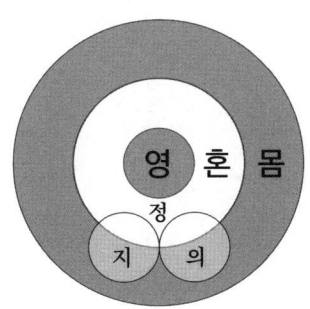

우리는 삶의 여정에서 계속 눈앞의 문제를 봅니다. 그리고 그것을 해결하기 위해 시간과 열정과 물질을 쏟아붓습니다. 그러나 문제의 해결은 또 다른 문제의 시작일 뿐입니다. 우리가 해결해야 할 문제는 눈앞에 있는 그 어떤 것이 아니라 바로 우리 안에 있기 때문입니다. 그래서 하나님은 예수 그리스도께서 강림하실 때까지 우리의 온 영과 혼과 몸이 흠 없이 보전되기를 원하십니다. 그렇지 않으면 비록 우리가 그리스도 예수의 사람으로 이 땅에서 살아가지만 언제든지 악에 노출되고 굴복할 수 있기 때문입니다.

영과 혼

영은 사람의 3요소 중에서 영원히 사는 부분입니다. 영은 하나님께서 불어 넣으신 생기입니다. 우리가 거듭날 때 즉각적으로 완전해지며, 하나님은 거듭난 영에 보좌를 두시며 영에 말씀하십니다. 혼은 영을 둘러 보좌하며 명령을 기다립니다. 그리고 육체와 동역합니다. 이것이 순리입니다. 사탄은 우리의 영 안에 살 수 없습니다. 하나님은 우리 영 안에 거하시며 그 자리를 그 어떤 더러운 것과도 함께 나누지 않으시기 때문입니다.

반면에 혼의 거듭남은 그렇지 않기 때문에, 혼을 변화시키는 과정에 혼신의 힘을 기울여야 합니다.[10]

문제는 죄 때문에 오염된 혼이 영의 명령을 거부하고 자기가 주인인 척 하는 것입니다. 이는 사탄이 우리의 혼과 몸에 멍에를 지우기 때문입니다. 하나님께서 영에 말씀하시지만, 영은 거부하는 혼에 둘러싸여 있어서 말씀을 시행할 수 없습니다. 그래서 거듭난 영은 혼과의 투쟁에 돌입합니다.[11] 혼은 오감을 지배하면서 자신만의 고유한 성격을 담은 집과 같습니다. 실제의 사람, 곧 그 사람의 성격과 행동이 나오는 곳이 바로 혼입니다.[12]

죄에 오염된 혼은 자기 생각을 하나님과 교제하는 거듭난 영의 생각으로 착각합니다. 온갖 상처로 얼룩진 자기 생각을 하나님의 뜻으로 오해합니다. 그리고 자기 혼에 속아 계속해서 죄를 짓습니다.

우리는 혼이 아무리 강하게 저항하더라도, 혼을 새롭게 하는 과정을 철저히 통과해야만 합니다. 다른 길은 없습니다. 하나님은 우리가 이 과정을 지나가도록 이미 최선의 길을 예비하셨습니다. 그리고 몰아가십니다.

다윗의 고백처럼 영을 둘러싼 혼에는 천만 악이 있습니다. 이런 혼의 상태를 하나님은 예레미야를 통해 분명히 말씀하셨습니다.

> 만물보다 거짓되고 심히 부패한 것은 마음이라 누가 능히 이를 알리요 마는 렘 17:9.

천만 악이 천만 개의 방법으로 우리를 옭아매고 있습니다. 우리의 발목을 잡고 열매를 빼앗아 갑니다. 실패하고 좌절하고 주저앉게 합니다. 우리는 이런 마음을 하나씩 고쳐나가야 합니다. 천만 개의 악을 하나씩 뽑아내야만 합니다. 이 땅에서 살아가는 모든 시간을 들여서라도 반드시 해야만 합니다. 그래야만 정결한 영혼으로 하나님께 나아갈 수 있습니다. 이유는 정결하신 하나님과의 관계 때문입니다.

우리 안에 악을 담고 악을 키우고 있다면, 하나님의 거룩한 방문과는 거리가 멀어집니다. 하나님은 지극히 거룩하셔서 어떤 악과도 섞이지 않으십니다. 하나님의 말씀을 왜곡시키지 않기 위해, 말씀대로 살기 위해 반드시 우리 안의 악을 제거해야만 합니다. 그러므로 우리는 기드온의 300용사가 빛을 발산하기 위해 항아리를 깨뜨림같이 우리의 혼을 깨뜨릴 수 있어야 합니다.

그리스도 안에 들어온 우리가 지난날처럼 살아갈 때 사탄은 우리를 억압하지 않습니다. 그러나 하나님께 더 민감하고 하나님을 제대로 만나길 원할 때 원수는 각가지 모양으로 억압합니다.
그래서 영적 전투는 가장 먼저 우리의 혼에서 일어납니다. 그리스도 안에 들어오기 전까지 우리 혼의 주인은 사탄이었습니다. 그러나 우리가 그리스도를 주로 인정하는 순간 혼의 주인이 바뀌었습니다. 주님을 합법적인 주인으로 선언함과 동시에 주님은 우리 안에 임하셨습니다. 그러나 불법을 행하는 사탄은 물러가지 않고 버티고 있습니다. 이때 회개는 원수의 힘을 약화시킵니다. 회개는 죄를 먹고 사는 원수의 밥을 하나님 앞에서 제거하는 것이기 때문입니다.

다음으로 영적 전쟁은 삶에서 일어납니다. 사탄은 우리를 지치고 힘들게 합니다. 가난하고 병들게 합니다. 지치고 힘들면 이웃을 사랑할 틈이 없습니다. 가난하고 병들면 하루하루 살기에 급급한 나머지 부르심을 놓치게 됩니다. 사탄은 우리가 무능한 군사가 되어서 자신의 권세와 부르심을 스스로 포기하길 원합니다.

사실 부르심이 크면 클수록 하나님께서 다루시는 훈련도 크지만, 원수의 억압도 크다는 것을 알아야 합니다. 부르심이 클수록 훈련의 강도가 커지고, 하나님께 가까이 갈수록 더 많은 정결함이 요구됩니다. 동시에 사탄은 더 억압하고 더 달콤한 죄로 유혹합니다.

하나님은 이런 일들을 통해 혼을 붙잡고 있는 사탄의 정체가 드러나게 하십니다. 그리고 우리를 자유케 하셔서 사탄에 맞서는 군사로 변화시키십니다. 하나님께서 사랑하시고 함께 하시는 것은 우리에 대한 사랑이자 배려입니다. 특권으로 오해하고 감히 하나님 앞에 고개를 쳐들지 않아야 합니다.

신앙은 '밖에서 안으로'가 아니라 '안에서 밖으로'입니다. 마음에 가득한 것을 입으로 말하는 것이 우리의 모습이라면, 우리는 먼저 마음을 바꾸어야 합니다. 타락한 본성은 저절로 고쳐지지 않습니다. 자신을 고치고 바꾸려는 생각조차 할 수 없는 것이 타락한 본성입니다.

감정은 죄와 상처, 자기 의와 탐욕 등으로 오염되었고, 지성은 오염된 자기 관점으로 사람을 판단하며, 오염된 의지를 동원하여 몸을 움직입니다. 물론 하나님을 향한 열정을 발휘하기도 합니다. 그러나 그 모든 것은 오로지 자기만족을 위한 것일 뿐입니다.

그럼에도 하나님은 우리가 동의하기 전에는 우리를 일방적으로 고치거나 바꾸지 않으십니다. 하나님은 불법을 행하시는 분이 아니시며, 흙으로 만들어진 우리에게 땅에서의 일을 맡기셨기 때문입니다. 이는 흙으로 지음받은 우리가 자신에 대하여 바른 선택을 하고 또 책임을 져야 한다는 의미입니다.

몸

몸은 질그릇처럼 연약하지만, 보배를 담은 귀한 그릇입니다. 신앙에서는 영과 혼과 몸, 이 세 가지는 모두 중요합니다. 역할이 다르다고 가치가 다른 것은 아닙니다. 몸은 성령의 거룩한 전입니다.

> 여호와께서 이와 같이 말씀하시되 하늘은 나의 보좌요 땅은 나의 발판이니 너희가 나를 위하여 무슨 집을 지으랴 내가 안식할 처소가 어디랴 사 66:1

하나님은 사람의 손으로 만든 곳에 거하지 않으십니다. 하나님은 사람이 만든 곳이 아니라, 사람이 만들 수 없는 땅에 거하십니다. 하나님은 땅의 일부분인 흙으로 사람을 지으셨고 그 몸을 성령의 전이라 말씀하셨습니다. 그러므로 몸을 소홀히 여기거나 학대하지 않아야 합니다. 봉사한다는 이유로 몸을 혹사해서는 안 됩니다. 금식기도라는 이름으로 몸을 상하게 해서도 안 됩니다. 금식의 이유와 시기는 하나님께서 정하십니다. 목적을 달성하기 위해,

혹은 뜻을 관철하기 위한 금식기도는 하나님 앞에서 만나를 먹으면서 고기를 구한 이스라엘의 탐욕과 같습니다. 영혼을 너무나 중시한 나머지 몸을 천시한다든지, 기도한다는 이유로 몸을 상하게 하는 것은 성경을 오해하고 있기 때문입니다.

몸은 영혼을 담은 그릇입니다. 땅에서 호흡이 있는 동안은 영과 혼과 몸은 셋이면서 하나입니다. 연합한 것이 아니라 하나 그 자체입니다. 하나이기 때문에 몸이 피곤하면 혼의 의지가 약해지거나, 지성의 판단이 흐려지거나, 감정이 폭발하기도 합니다. 동시에 영도 피로감을 느낍니다. 그래서 육체적으로 많이 피곤하면 그때는 기도하는 것도 잠시 쉬어야 합니다. 영성을 회복시키는 것이 우선이 아니라 몸을 회복하는 것이 우선이기 때문입니다.

엘리야는 갈멜산에서 바알 선지자 450명과 대결했습니다. 그들이 아침부터 오정이 지나도록 칼과 창으로 자기 몸을 상하게 했지만 바알은 응답이 없었습니다. 그 후 엘리야는 무너진 단을 수축하고 이스라엘 12지파의 숫자만큼 돌을 취하여 단을 쌓았습니다. 번제물과 나무를 준비하고 12통의 물을 부었습니다. 저녁 소제 드릴 때 엘리야는 기도했고 여호와의 불이 내려왔습니다. 번제물과 나무와 돌과 흙을 태우고 도랑의 물을 핥았습니다. 엘리야는 바알 선지자들을 잡아 기손 시내에서 죽였고, 3년 6개월만에 비가 왔습니다. 그 때 허리를 동이고 아합의 마차 앞에서 달렸습니다. 이미 해가 진 저녁 시간이었습니다.

소식을 들은 이세벨이 엘리야를 죽으려 했습니다. 브엘세바로 도망한 엘리야는 광야의 로뎀나무 아래에서 죽기를 기도한 후 누워 잤습니다. 로뎀나무는 '시궁창'이란 뜻입니다. 엘리야의 상태를 적나라하게 보여주는 표현입니다. 몸이 지치면 인내심이 바닥을 드러내고, 숨겨져 있던 분노와 좌절이 몸으로 드러나게 됩니다.

이쯤 되면 우리는 하나님께서 엘리야를 만나주시고 은혜 주시고 강건케 해 주실 것을 기대합니다. 하나님의 이름으로 바알 선지자들과 큰 전쟁을 하고 지친 엘리야였기 때문입니다. 그러나 하나님은 엘리야를 만나시기 전, 먼저 천사를 통해 떡과 물을 보내주셨습니다. 몸에 필요한 영양소와 수분을 공급하셨습니다. 엘리야는 먹고 마시고 음식물의 힘을 의지하여 밤낮 40일을 걸어 호렙산에 도착했고, 그곳 동굴에서 하나님을 만났습니다.

엘리야는 분명 위대한 선지자였습니다. 그러나 그의 사역은 이후 사밧의 아들 엘리사에게 위임되었습니다. 이세벨에게 쫓기던 그가 스스로 죽기를 구했기 때문입니다. 지친 몸으로는 아무것도 할 수 없습니다. 영과 혼과 몸 중에 어느 것 하나 중요하지 않은 것이 없습니다. 몸이 지치면 위대한 선지자조차 실수할 수 있다는 것을 보여줍니다. 몸은 우리에게 깊고 지속적인 슬픔을 야기할 수도 있고 깊은 수치심을 줄 수도 있습니다. 우리 몸의 모든 부분은 죄의 수단이자 죄가 머무는 곳이기 때문입니다.[13] 그러므로 자기를 지으신 분이 하나님이심을 안다면 몸에도 특별히 신경을 쓰고 조심하여 살피고 보전해야 합니다.

관 계

"네 가문의 우상숭배이니라."

어느 주일, 늦은 시간에 잠자리에 들었습니다. 이불을 덮고 눈을 감는 순간, 순식간에 한 장면이 보였습니다.

넓은 평야 가운데 산이 있었습니다. 산 높이는 대략 300m 정도였습니다. 꼭대기에는 이동전화 송수신탑이 있었습니다. 순간 '저곳에 올라가면 주님과 대화할 수 있겠다'는 생각이 들었습니다. 올라가기 위해 산 가까이 다가가는데, 황금색 용이 산을 휘감고 하얀 콧김을 내쉬며 시계방향으로 돌고 있었습니다. 관광지에서 사람을 태우고 산을 도는 순환열차처럼 산을 거의 한 바퀴 두를 정도로 엄청난 크기였습니다. '저 용을 죽여야 주님과 교제할 수 있겠다.'라는 생각이 들었습니다.

그날은 너무 피곤해서 그대로 잠들고 말았습니다. 다음날 새벽예배를 마치고 기도하기 위해 강단에서 무릎을 꿇는 순간 지난밤의 환상이 고스란히 다시 보였습니다.

너무 놀라서 순간적으로 "아버지! 이게 도대체 무엇입니까? 저 산에 올라가야 하는데 올라가지 못하도록 가로막고 있는 저 용이 무엇입니까?"라고 물었습니다. 그때 말씀하셨습니다.

"네 가문의 우상숭배이니라!"

그때까지 저의 집의 오래된 우상숭배가 하나님과 저의 교제를 가로막고 있었던 것입니다.

단 절

　목사가 되어서 사역하고 있었지만, 우상숭배의 영향력은 하나님과의 관계를 갈라놓았습니다. 돌이켜보면 우상 숭배자에게 내려졌던 성경에 기록된 저주가 고스란히 저와 본가에 적용되고 있었습니다.

　할아버지는 물려받은 재산을 이런저런 모양으로 거의 모두 빼앗기셨습니다. 아버지는 50세가 되기도 전에 가까운 친구들과 부부 동반 야유회를 갔다가 깊이가 채 1m도 되지 않은 물에서 익사하셨습니다. 저는 어려서부터 혀가 어눌했습니다. 가족이 농사를 지어도 상대적으로 소출이 적었습니다. 축산업을 할 때면 돼지 파동, 소 파동의 사태를 겪었습니다. 재배하는 농작물마다 '파동'을 피하지 못했습니다. 그나마 남아 있던 논밭과 집은 부채 때문에 모두 팔아야만 했습니다.

　누구를 원망할 수 없었습니다. 가문의 죄였고 저의 죄였기 때문입니다. 저는 그 상태로 신학을 공부하고 목사가 되어 설교를 했습니다. 그러니 하나님의 말씀이 순수하게 선포될 리 없었습니다. 순수하게 말씀이 선포되었다면 말씀을 듣는 이들은 찔림이 있고 변화가 있어야 했습니다. 그런데 아무런 변화나 성숙이 없다는 것은 저를 통해 선포될 하나님의 말씀을 제가 오염시켰다는 증거였습니다.

항 복

　마음대로 하는 종교 생활은 때로는 답답하지만 사실 참 편리합니다. 자기중심이고 자기 방식대로 하면 되기 때문입니다. 사탄은 우리가 자기중심의 종교 생활을 하고 자기 방식으로 살아갈 때는 간섭하지 않습니다. 가만두어도 타락한 본성에서 나오는 생각으로 멸망할 것을 알기 때문입니다. 그때에는 큰 위기가 오지 않습니다. 사탄이 우리를 방임하기 때문입니다.

　그러나 신앙으로의 전환은 모든 것을 달라지게 합니다. 신앙은 스스로 예수 그리스도의 종이 되기로 작정하는 것에서 출발하며, 자신이 만든 하나님이 아니라 자신을 지으신 하나님을 찾아가는 것이기 때문입니다. 그래서 하나님을 향하여 "아버지! 저를 아버지께 양도합니다. 아버지께서 저를 받아주십시오. 아버지의 영광을 위해서 살아가겠습니다."라고 하는 순간부터 위기가 옵니다.

　그때 우리를 바꾸는 전쟁이 우리 안에서 시작되고, 우리를 마음

껏 사용하시기 위해 다듬으시는 과정이 시작됩니다. 우리가 하려고 하면 조절할 수 있고 피해갈 수 있습니다. 포기할 것은 포기하고 위기를 모면하기 위해 이웃에게 도움을 요청할 수도 있습니다. 그러나 하나님은 우리의 어떤 논리도, 이웃을 통한 어떤 도움도 요청할 수 없는 곳으로 몰아가십니다. 그리고 그곳에서 온전히 하나님만 바라고 의지할 새로운 관계로 만들어 가십니다.

또 사탄은 우리가 하나님에 의해 다듬어진 후 자신을 대적할 것을 알기에 방해하고 억압하기 시작합니다. 여러 가지 죄로 유혹하고 중상모략하며, 수고하여도 열매를 맺지 못하도록 방해합니다.

우리의 이성적인 논리와 원칙은 하나님의 아무런 관심의 대상이 되지 못합니다. 하나님은 더 좋은 생각과 더 확실한 계획을 갖고 계시기 때문입니다. 그 계획은 가장 먼저 우리를 무너뜨리는 것입니다. 여기서 우리는 하나님의 계획을 무효화하도록 기도하는 것이 아니라, 자신의 계획을 포기하는 기도를 할 수 있어야 합니다. 그때부터 하나님은 우리를 실패하고 주저앉고 초라하게 만드십니다.

우리 안에는 하나님을 대적했던 사탄의 씨앗이 있기 때문입니다. 하나님을 대적했던 사탄이 하늘에서 떨어져 땅에 찍혔습니다. 그리고 하나님은 땅의 일부분인 흙으로 자기의 형상을 따라 사람을 지으시고, 그들에게 "땅을 정복하라."고 하셨습니다. 땅에 찍힌 사탄의 씨앗이 흙으로 지음 받은 사람에게 남아있습니다. 사람은 자기 안에 있는 사탄의 씨앗을 제거하면서 동시에 땅에 있는 사탄을 정복해야 하는 존재입니다.

하나님은 우리 안의 가라지를 자라게 하시고, 우리가 부딪치는 숨 막히는 아픈 현실을 통해 사탄이 우리를 포기하고 떠나게 하십니다. 자기 영광에 매료되어있는 사탄은 감당할 수 없을 정도로 수치를 싫어하기 때문입니다.

너 아침의 아들 계명성이여 어찌 그리 하늘에서 떨어졌으며 너 열국을 엎은 자여 어찌 그리 땅에 찍혔는고 사 14:12.

하나님은 우리의 실패를 통해 우리를 새롭게 단장하십니다. 그 과정에서 사탄이 우리에게서 손을 뗍니다. 때로 하나님께서 사랑하는 이들을 무자비하게 대하는 이유가 이것입니다. 비참함의 과정에서 자기 영광에 미친 사탄이 떠나가고, 십자가의 비참함을 경험하신 하나님이 우리 안에 온전히 임하시기 때문입니다. 그때 비로소 우리는 하나님의 마음과 의도를 조금이나마 알게 됩니다.

사람은 하나님 앞으로 나아갈 때 자신의 업적을 가지고 나아가려 합니다. 신앙생활을 한 지 얼마 되었는지, 선교를 어떻게 했는지, 헌금을 얼마나 했는지, 금식기도를 몇 번이나 했는지, 구제를 어떻게 했는지를 내세우려 합니다. 만약 하나님께서 업적에 가치를 두셨다면 사람보다 천사를 더 사랑하실 것입니다. 그들은 우리보다 훨씬 짧은 시간에 훨씬 더 많은 일을 완벽하게 해낼 수 있기 때문입니다.

하나님은 어떤 업적보다도 관계 자체를 목적으로 삼으십니다. 하나님과 우리의 관계뿐만 아니라 우리와 지극히 작은 자와의 관계도 함께 보십니다.

임금이 대답하여 가라사대 내가 진실로 너희에게 이르노니 너희가 여기 내 형제 중에 지극히 작은 자 하나에게 한 것이 곧 내게 한 것이니라 하시고 마 25:40.

이웃은 하나님께서 우리에게 상급 받을 기회를 주시려고 보내 놓은 사람들입니다. 우리와 이웃과의 관계는 우리와 하나님과의 관계를 볼 수 있는 거울입니다.

아버지와 아들

하나님 아버지와 아들이신 예수님의 관계를 표현하는 가장 멋진 말이 무엇이겠습니까? 친밀함입니다. 예수님은 겟세마네 동산에 오르시기 전, 다락방에서 하나님과 자신의 관계를 "아버지께서 내 안에, 내가 아버지 안에"라는 말로 정의하셨습니다. 이보다 더한 친밀함이 있겠습니까?

이런 친밀함이 있어서 예수님이 십자가에 달릴 수 있었습니다. 이런 친밀함이 있어서 부활하셨습니다. 마찬가지로 이런 친밀함이 우리를 살립니다. 그리고 이 친밀함이 마지막 때에 구름 타고 오는 이가 원수 사탄인지, 예수님인지 분별하게 합니다. 그래서 친밀함이 없으면 광명의 천사로 위장하고 예수님보다 먼저 오는 사탄에게 속을 수밖에 없습니다. 2000년 전, 예수님보다 헤롯이 먼저 왔던 것을 잊지 않아야 합니다.

어떻게 하면 아버지와 친밀해질 수 있습니까? 어느 한쪽이 자기를 포기해야 합니다. 자기 계획과 고집을 붙잡고 있는 한, 둘은 하나가 될 수 없습니다. 아버지와 자신이 하나라고 하셨던 예수님은 자신을 포기하셨습니다. 자신을 비우실 정도로 포기하셨습니다. "나의 원대로 마옵시고 아버지의 원대로 하옵소서!" 이 짧은 기도는 예수님께서 자신을 포기하는 기도였습니다.

친밀함은 상대의 마음을 알고 그를 위한 최선을 선택합니다. 만약 하나님과의 친밀함이 없다면 하나님의 뜻을 알 수 없습니다. 오로지 자기의 뜻을 이루기 위해 하나님을 수단으로 이용할 뿐입니다. 이것은 하나님을 만홀히 여기는 행위입니다. 바로 악 그 자체입니다.

하나님의 뜻 앞에서 무엇을 포기해야 하겠습니까? 과연 우리는 자신을 향한 하나님의 계획을 알고 있습니까? 우리의 뜻과 계획에 따라 하나님께서 응답해 주시기를 기도하고 있지는 않습니까? 하나님께서 우리의 주인이시고 아버지이시라면 당연히 하나님의 뜻을 물어야 하지 않겠습니까?

하나님의 뜻에 순종한다는 것은 자기의 계획과 목적을 포기하는 것을 의미합니다. 손에 잡은 것을 놓지 않고 새로운 것을 잡을 수 없습니다. 있던 자리를 떠나지 않고 하나님 앞으로 갈 수 없습니다. 자신을 비우지 않고 하나님께서 주시는 것으로 채울 수 없습니다.

하나님은 우리가 마음대로 조종할 수 있는 분이 아니십니다. 우리의 욕심을 입체적으로 찍어내는 3D 프린트가 아닙니다. 하나님은 우리의 주인이십니다. 우리는 그 앞에서 아무것도 아닙니다.

　기도가 능력 있는 이유는 기도를 통해 하나님께 항복하고 그 발아래 엎드리기 때문입니다. "하나님! 제가 어떻게 할까요?" 하면서 자기 의견을 조심스레 제시할 뿐입니다. 이것이 되지 않으면 능력도 없습니다. 승리자는 기도의 골방에서 만들어집니다. 하나님 앞에 자기의 뜻을 관철하기 때문이 아닙니다. 자신이 아무것도 아닌 것과 그런 자기를 용납하시고 사랑하시는 하나님을 경험하기 때문입니다. 여기에서 하나님과의 관계가 시작되며, 비로소 하나님의 마음을 알게 됩니다. 관계와 의견의 교환이 있기 때문입니다. 기도는 예배의 축소판이고, 삶은 예배의 확장판입니다. 이 셋을 다른 것으로 분리해서 생각한다면 우리의 기도와 예배와 삶은 외식이 됩니다.

존재와 관계

　우리가 존재에 머물면 우리에게서는 능력이 나가야 합니다. 존재하는 모든 것은 이유가 있고, 해야 할 일이 있기 때문입니다.
　존재의 관점으로 우리를 본다면 우리는 하나님의 어떤 목적을 위해 부단히 노력해야 합니다. 자녀를 키우는 부모가 장차 자녀로부터 무엇을 받기 위해 키운다면 그는 온전한 부모가 아닙니다. 대통령이 될 것이기에 사랑하고, 큰 사업가가 되어서 자신의 노후를 보장해 줄 것 같아서 필요를 공급한다면 부모는 자녀를 존재의 관점으로 보는 것입니다.
　또한 존재의 관점으로 보면 우리는 문제투성이입니다. 먼지와 같고 벌레보다 미천합니다. 그래서 사탄은 끊임없이 우리의 약함과 죄를 꺼집어 냅니다. "너는 죄가 있잖아!" "너는 탐식이 있잖아!" "너는 탐욕이 있잖아!" "너는 시기가 있잖아!" "너는 거짓말도 잘하잖아!" 그러면서 끊임없이 우리의 상태와 쓴 뿌리를 꺼집어 냅니다. 원수는 '넌 너무 부족해서 하나님께 인정받을 수 없다.'고

합니다. 원수의 이런 말에 귀 기울이는 순간 '아! 나는 큰 죄를 가지고 있고, 쓴 뿌리를 가지고 있어서 하나님 가까이 나아갈 수 없는 존재구나!'라는 생각을 하게 됩니다.

그래서 존재의 관점으로 자기를 보는 사람은 자신의 진짜 모습을 숨깁니다. 자기가 감추어둔 약점과 수치가 드러날까 두렵기 때문입니다.

그런데 존재가 아닌 관계의 관점으로 자기를 보면 자신의 진짜 모습을 하나님 앞에 드러낼 수 있습니다. 하나님은 우리 자체에 만족하십니다. 똑똑하고 건강하고 능력이 있어서가 아니라 우리를 그냥 만족하십니다. 이런 관계에서 온전한 능력이 나갑니다.

하나님께서 자기를 보여주실 때 우리는 하나님을 알 수 있습니다. 그러므로 하나님과의 관계의 오류는 단순히 신앙의 약점이 아니라 세상에 나타날 하나님의 능력을 차단합니다. 하나님은 자신과 관계를 맺은 사람을 통해 세상에서 자기의 일을 하십니다. 사실 그리스도인들이 하나님께서 원하시는 일을 하지 못하는 것은 하나님과 멀리 떨어져 있기 때문입니다.

하나님은 우리를 존재의 관점이 아니라 관계의 관점으로 보십니다. 신앙은 가슴에 달고 다니는 장식품이 아닙니다. 생각과 말과 행동을 변화시키는 강력한 관계입니다. 종교생활은 머리로 하고 신앙생활은 가슴으로 합니다. 머리는 자신을 위해 상대를 이용하고 군림하려 합니다. 그러나 가슴은 상대를 위해 자신을 내어주려 합니다.

정말 사랑하는 사람을 만났다면 자신을 위해 상대를 이용하지 않습니다. 자신이 가진 것을 아낌없이 내어줍니다. 이것이 관계입니다. 하나님께서 우리를 위해 하시는 모든 것이 관계에서 출발해서 영원히 지속됩니다.

예수님이 그토록 강력한 사역을 할 수 있었던 비결은 바로 하나님과 끊을 수 없는 관계가 있었기 때문입니다. 끊을 수 없는 관계가 본격적으로 가시화된 것은 세례자 요한에게서 세례를 받고 물에서 올라오는 순간이었습니다.

> 하늘로써 소리가 있어 말씀하시되 이는 내 사랑하는 아들이요 내 기뻐하는 자라 하시니라 마 3:17.

우리와 똑같은 육체로 오셨지만, 아버지와 아들의 관계가 본격적으로 가시화되는 순간이었습니다. 이런 관계를 깨뜨리기 위해 사탄이 금식하신 예수님께 거듭해서 한 말이 무엇입니까? "네가 만약 하나님의 아들이거든 마 4:3." "네가 만약 하나님의 아들이거든 마 4:6." 바로 관계를 깨뜨리기 위한 작업이었습니다. 친밀한 관계에서 능력이 나온다는 것을 사탄도 알고 있었기 때문입니다.

하나님은 자신이 원하는 모든 것을 하실 수 있으십니다. 없는 것을 있게 하시는 분, 모든 것을 존재하게 하시고 그것을 유지하시는 분이십니다. 그런 하나님께서 우리를 자신의 형상으로 지으셨습니다. 단순히 존재하는 것이 아니라 하나님과의 관계 속에서 존재하도록 지으셨습니다. 우리가 존재하는 이유는 바로 하나님과 관계를 맺고 있기 때문입니다.

세상에서 끊을 수 없는 관계가 무엇입니까? 부모와 자녀의 관계는 한 쪽이 죽더라도 끊어지지 않습니다. 개인적으로 저의 아버지는 40여 년 전에 사고로 이 땅에서의 생을 달리하셨습니다. 이제는 사진으로도 남아 있지 않습니다. 그러나 호적에는 여전히 저는 그분의 아들로 기록되어 있습니다. 죽음 조차도 끊을 수 없는 것이 부모와 자녀의 관계이기 때문입니다.

자신의 형상대로 우리를 지으신 하나님께서는 이제 창조주와 피조물의 엄청난 격차를 뛰어넘어 우리의 아버지가 되셨습니다. 하나님과 우리의 관계는 죽음 조차도 끊을 수 없는 아버지와 자녀의 관계입니다.

하나님은 우리의 10년 혹은 20년 후의 모습을 보고 인정하시는 것이 아니라 현재 모습 그대로를 인정하십니다. 다만 더 나은 모습으로 변화하고 성숙하기를 원하십니다.

우리는 하나님께서 원하시는 변화와 성숙을 위해 해야 할 일을 하나님께 물어야 합니다. 우리의 생각과 뜻을 관철하기 위해 밤을 지새운 기도가 필요한 것이 아닙니다. 하나님의 뜻을 묻는 지극히 조용한 기도가 필요합니다. 기도가 하나님과의 대화라는 사실은 누구나 인정합니다. 그러나 자기의 뜻을 이루어 달라는 기도를 한 후 자리를 털고 일어납니다. 사실 하나님의 말씀은 안중에 없습니다. 어떻게 이것을 기도라고 할 수 있겠습니까? 하나님과의 관계 안에 있는 우리에게는 5분을 기도하고 10분을 기다리는 지혜가 필요합니다.

관계와 배제

민수기 13장에는 유명한 바란 광야 가데스에서의 반역 사건이 기록되어 있습니다. 하나님께서 약속하신 가나안 땅을 목전에 두고 12명의 정탐꾼을 파송했습니다. 같은 시간에 같은 땅을 정탐했지만, 전혀 다른 보고가 있었습니다. 그것은 시각 차이에 따른 보고였습니다.

갈렙이 모세 앞에서 백성을 조용하게 하고 이르되 우리가 곧 올라가서 그 땅을 취하자 능히 이기리라 하나 그와 함께 올라갔던 사람들은 이르되 우리는 능히 올라가서 그 백성을 치지 못하리라 그들은 우리보다 강하니라 하고 이스라엘 자손 앞에서 그 정탐한 땅을 악평하여 이르되 우리가 두루 다니며 정탐한 땅은 거주민을 삼키는 땅이요 거기서 본 모든 백성은 신장이 장대한 자들이며 거기서 또 네피림 후손인 아낙 자손의 거인들을 보았나니 우리는 스스로 보기에도 메뚜기 같으니 그들이 보기에도 그와 같았을 것이니라 민 13:30-33.

10명의 정탐꾼은 자신들을 스스로 메뚜기라고 말했습니다. 그들의 말을 들은 백성은 모세와 아론을 원망했습니다. 이때 여호수아와 갈렙은 모세와 아론을 원망하며 애굽으로 돌아가려는 백성 앞에서 다시 말했습니다.

> 그 땅을 정탐한 자 중 눈의 아들 여호수아와 여분네의 아들 갈렙이 자기들의 옷을 찢고 이스라엘 자손의 온 회중에게 말하여 이르되 우리가 두루 다니며 정탐한 땅은 심히 아름다운 땅이라 여호와께서 우리를 기뻐하시면 우리를 그 땅으로 인도하여 들이시고 그 땅을 우리에게 주시리라 이는 과연 젖과 꿀이 흐르는 땅이니라 민 14:6-8.

하나님은 원대한 계획의 설계자이시고, 무한한 능력의 소유자이십니다. 또 영원 전부터 영원 후까지 모든 시간의 주인이십니다. 하나님의 생각은 우리의 생각보다 높습니다. 우리는 이미 이런 사실을 너무나 잘 알고 있습니다. 우리와 생각이 다를 때 어떻게 해야 하겠습니까?

게으른 종은 주인에 대한 원망과 불평에 익숙합니다. 하나님은 그들에 대해 하나님을 믿지 않기 때문이라고 단언하셨습니다. 죄의 종으로 길들어진 생각은 하나님의 생각과 충돌합니다. 이런 생각은 단편적이어서 매번 하나님을 실패자로 만들고자 합니다.

똑같은 것을 보고 똑같은 것을 경험했는데 2명과 10명은 다른 시각으로 다른 말을 했습니다. 이유가 무엇입니까? 바로 관계와 배제에서 오는 시각의 차이였습니다.

가데스 바데아에 도착한 이스라엘은 가나안 땅을 정탐하기 위해 성막에서 봉사하는 레위 지파를 제외한 12지파에서 족장을 한 사람씩 뽑았습니다. 그때 유다 지파에서는 여분네의 아들 갈렙이 뽑혔고, 에브라임 지파에서는 눈의 아들 여호수아가 뽑혔습니다. 12명은 40일 동안 가나안에 거하는 족속과 땅의 성질과 수목의 상태까지 세밀히 살폈습니다. 정탐을 마친 후 갈렙과 여호수아는 가나안 땅을 정복할 수 있다고 했고, 10명은 정복할 수 없다고 했습니다.

2명은 하나님의 뜻에 찬성하고 10명은 반대한 이유가 무엇입니까? 바로 장자권과 관련이 있습니다. 유다 지파와 에브라임 지파는 장자가 아님에도 장자의 복을 받은 지파였습니다. 나머지 10지파는 장자권에서 배제된 지파였습니다.

이것이 불신을 가져왔습니다. 르우벤은 서모의 침상을 더럽혔다가 장자권을 놓쳤습니다. 시므온과 레위는 여동생 디나의 일로 가족을 위험에 빠뜨렸다가 장자권에서 빗나갔습니다. 요셉이 애굽에서 낳은 아들들도 마찬가지입니다. 므낫세가 장자였고 에브라임이 차자였습니다. 그러나 야곱이 축복할 때에 요셉의 반대에도 불구하고 에브라임에게 장자권의 축복을 하였습니다. 므낫세는 받아야 할 아버지의 장자권을 놓쳤습니다. 역대상 5장 1절, 2절 말씀은 장자권과 관련하여 유다와 요셉에 대해 말씀합니다.

이스라엘의 장자 르우벤의 아들들은 이러하니라 르우벤은 장자라도 그의 아버지의 침상을 더럽혔으므로 장자의 명분이 이스라엘의 아들 요셉의 자손에게로 돌아가서 족보에 장자의 명분대로 기록되지 못하였느니라 유다는 형제보다 뛰어나고 주권자가 유다에게서 났으나 장자의 명분은 요셉에게 있느니라 대상 5:1-2.

아버지의 인정과 축복을 받았던 유다와 에브라임은 하나님의 약속을 끝까지 신뢰했습니다. 나머지 사람들은 하나님의 약속을 불신했습니다. 이것은 하나님께서 주시는 복을 부여잡는 방법을 가르쳐 줍니다. 그러므로 아버지에 대한 신뢰가 하나님에 대한 신뢰로 이어진다는 것을 꼭 기억해야 합니다.

우리의 모든 자신감과 능력은 하나님과의 관계에서 옵니다. 우리가 하나님 안에, 하나님께서 우리 안에 계실 때 최고의 관계가 됩니다. 이때 최고의 능력인 온전한 사랑을 할 수 있고, 하나님께서 받으시는 기도를 할 수 있습니다. 이때 비로소 하나님은 우리를 통해 일하십니다. 하나님의 동역자라는 말은 이때를 두고 하는 말입니다.

하나님은 땅의 일을 사람에게 맡기셨습니다. 사람을 통하지 않고는 땅의 일을 하지 않으십니다. 이것이 하나님께서 우리와 관계를 맺으시는 이유 가운데 하나입니다.

하나님은 우리를 동역자로 선택하셨습니다. 땅에서 되어지는 모든 일에 우리와 함께 하시며 함께 이루어 가십니다. '함께 한다.'는 것은 멀리 떨어져 있는 것이 아니라 가까이 있다는 뜻입니다. "내가 너희 안에 너희가 내 안에" 이것보다 더 가까운 관계는 없습니다. 이것을 '친밀함'이라고 합니다.

하나님과의 동역은 하나님과의 친밀함을 통해 시작됩니다. 이 친밀함이 없으면 모두 사탄에게 속을 수밖에 없습니다. 사탄은 자기 모양을 얼마든지 화려하게 바꿀 수 있기 때문입니다. 그러나 그 마음을 바꿀 수는 없습니다. 그러므로 우리가 하나님과 친밀할 때, 온유하고 겸손한 하나님의 마음과 탐욕과 교만으로 가득찬 사탄의 마음을 분별할 수 있습니다.

또 친밀함이 없으면 변장한 사탄을 예수님으로 착각합니다. 사탄에게 속은 이들은 예수님과 친밀함을 유지하며 재림을 기다리는 사람을 핍박할 것입니다. 정작 사탄에게 속은 그들은 예수 그리스도를 기다리는 사람을 예수 그리스도의 이름으로 핍박할 것입니다. 그 결과 많은 사람이 화려하게 변장한 가짜 예수를 진짜로 알고 경배할 것입니다.

그래서 주님은 마지막 시대의 자녀들에게 성소에 들어가라고 하십니다. 우리는 예수 그리스도를 믿는 순간부터 왕과 제사장입니다. 제사장은 매일 성소로 들어가 등잔에 기름을 채우고 심지를 살폈습니다. 향로에 향을 채우고 불을 피웠습니다. 우리는 모두 성소에 들어가야 할 자들입니다. 그곳은 예수님이 휘장을 찢어놓으신 곳입니다. 우리는 그곳에서 지성소에 임하시는 하나님을 뵙게 됩니다.

우리는 하나님의 뜻을 제대로 알기 위해 성소 안으로 들어가야 합니다. 성소 안으로 들어가기 위해 타락한 인간의 본성인 육체(사륵스, σὰρξ)를 깨뜨려야 합니다. 예수님의 마음(카르디아, καρδία)과 다른 우리의 생물학적인 마음(프쉬케, ψυχή)을 무너뜨려야 합니다. 이것을 살려두고 성소 안으로 들어간 사람은 한 사람도 없습니다.

가나안에 정착한 이스라엘은 하나님의 은혜 가운데 한 나라로 성장했습니다. 하나님의 보호 아래 부강한 나라, 열국이 부러워하는 나라가 되었습니다. 그러나 솔로몬 이후 정치지도자들은 자의로 나라를 통치했습니다. 종교지도자들은 거룩함을 잃었습니다. 백성은 하나님보다는 이방신을 섬겼습니다. 하나님 앞에 정상적인 것이 없다시피 했습니다.

예루살렘은 스스로 거룩하다고 하면서 온갖 악을 저질렀습니다. 예루살렘에 대한 하나님의 한탄은 가슴을 저리게 합니다.

> 예루살렘아 너는 훈계를 받으라 그리하지 아니하면 내 마음이 너를 싫어하고 너로 황폐하게 하여 주민이 없는 땅으로 만들리라 렘 6:8.

> 예루살렘아 예루살렘아 선지자들을 죽이고 네게 파송된 자

들을 돌로 치는 자여 암탉이 그 새끼를 날개 아래에 모음같이 내가 네 자녀를 모으려 한 일이 몇 번이더냐 그러나 너희가 원하지 아니하였도다 마 23:37.

성벽은 높고 견고했습니다. 성문은 온갖 종류의 이름으로 구별되었습니다. 그러나 그 안에서는 수많은 악행이 자행되었습니다. 성전을 둘러싼 도시, 성전을 머금은 도시가 정작 하나님의 일을 방해하고 하나님의 종들을 죽였습니다. 이런 예루살렘이 하나님 앞에서 항복하고 새롭게 되어야만 각 나라와 열방이 하나님께 돌아올 수 있습니다.

예루살렘의 부패와 악은 사람의 혼에서 일어나는 부패와 악을 보여 줍니다. 하나님을 믿는다고 하면서 거부하고, 하나님의 뜻보다는 자기의 뜻을 주장하는 자아를 보여 줍니다.

성 전	지성소	영
예루살렘	성소(안뜰)	혼
가나안	성막뜰	몸

예루살렘이 거룩하게 되기 전에는 온전한 성전예배를 드릴 수 없습니다. 마찬가지로 자아를 죽이기 전에는 결코 영에 임하시는 하나님을 만날 수 없습니다. 자아가 살아있는 한, 결코 하나님의 생각을 받아들일 수 없고 처음부터 끝까지 충성할 수 없습니다.

환경과 기분에 따라 요동치는 것이 자아이기 때문입니다.

　은혜받았다고 말하는 사람은 많습니다. 그런데 얼마간의 시간이 지나면 아무런 은혜도 느끼지 못하는 모습을 볼 수 있습니다. 잘못된 은혜를 받았기 때문이 아니라 자아가 살아있기 때문입니다. 지·정·의라는 자아, 특히 감정의 흐름에 따라 은혜가 있을 자리가 사라지기 때문입니다. 그래서 자아가 죽고 나면 처음부터 끝까지 하나님께서 주시는 은혜가 고스란히 자리할 수 있습니다. 오른편 뺨을 칠 때 왼편 뺨을 돌려 대어줄 수 있는 사람이 됩니다.
　자아가 강한 사람일수록 이웃의 말에 거슬림과 불편함을 느끼고 그의 행동에서 시비꺼리를 찾습니다. 그리고 감정이 요동칩니다. 이처럼 눈앞에 보이는 사람의 말에 감정이 요동친다면, 사탄이 중상모략하고 거짓으로 증언할 때 요동칠 수밖에 없습니다.

　모든 것을 아시며 무엇이든 하실 수 있는 하나님께로 가까이 나아가는 것이 마음에 불편하다면 하나님께서 주신 부르심을 빼앗기게 됩니다. 요나는 "니느웨로 가라!"는 하나님의 말씀을 들었습니다. 그런데 하나님의 얼굴을 피하여 다시스로 도망갔습니다.

> 그러나 요나가 여호와의 얼굴을 피하려고 일어나 다시스로 도망하려 하여 욥바로 내려갔더니 마침 다시스로 가는 배를 만난 지라 여호와의 얼굴을 피하여 그들과 함께 다시스로 가려고 배삯을 주고 배에 올랐더라 욘 1:3.

요나가 하나님의 얼굴을 피했다는 말은 하나님의 임재가 불편했다는 뜻입니다. 요나와 같은 능력 많은 선지자도 하나님 앞에 서는 것이 불편했던 것은 그 속에 악이 남아 있었기 때문입니다. 그 악이 무엇입니까?

요나는 하나님께서 니느웨를 구원하고자 하셨을 때 싫어하면서 성을 냈습니다. 그리고 자신의 생명을 담보로 하나님께 니느웨의 멸망을 요구했습니다. 성안에서 니느웨 백성과 함께 하나님을 찬양한 것이 아니라 하나님께서 이미 재앙을 거두신 니느웨에서 나가 언덕 위로 올라갔습니다. 그리고 니느웨가 어떻게 망하는지 보고자 했습니다. 그것이 하나님 앞에서의 악이었습니다.

오늘날 학자들은 당시 니느웨 성의 인구를 60만 명으로 추산합니다. 하루 만에 60만 명을 회개시킨 대단한 선포의 능력자였습니다. 그러나 이 사건 이후 요나가 한 일은 더이상 성경에 등장하지 않습니다. 부서지지 않은 자아는 도리어 하나님의 일을 방해하는 걸림돌이 될 뿐입니다.

그런데 자아가 죽고 나면 사탄은 우리를 건드리지 못합니다. 건드려도 반응 없이 자신에게 주어진 일을 해나갈 것이기 때문입니다. 이쯤 되면 더이상 사람의 말에 흔들리지 않습니다. 환경에 막혀 주저앉지도 않습니다. 처음부터 끝까지 충성할 수 있게 됩니다.

하나님과의 연합

하나님은 우리와 상관없이 땅의 일을 처리하지 않으십니다. 땅을 정복하고 다스릴 책임을 우리에게 주셨고, 땅에서는 우리가 하나님의 동역자이기 때문입니다. 또 흙으로 지음 받은 우리의 변화와 성숙 역시 우리와 하나님의 공동사역이기 때문입니다.

출애굽한 이스라엘이 가나안으로 가는 여정 동안 가장 많은 방해를 한 족속은 아말렉입니다. 애굽을 출발해서 가장 먼저 맞닥뜨린 족속입니다. 르비딤에서 백성이 다투고 하나님을 시험했을 때, 후일 바란 광야 가데스에서 하나님과 이스라엘 백성 사이에 틈이 생겼을 때에 치고 들어온 족속입니다. 아말렉이란 이름의 뜻은 '모조리 핥아먹는 자, 골짜기에 사는 자'입니다. 가까이 가기 전에는 보이지 않는 숨은 자들입니다. 모든 것을 낚아채는 자들입니다. 상대의 약점을 알고 실패를 기다리다가 골짜기로 끌고 가는 자들입니다. 골짜기는 사망이 있는 곳입니다.

모세는 여호수아에게 아말렉과 싸우라고 말하고 자신은 아론과 훌과 함께 산꼭대기로 올라갔습니다. 모세의 팔이 올라가면 이스라엘이 이기고 팔이 내려오면 아말렉이 이겼습니다. 여기에 중요한 사실이 있습니다. 적과 싸우는 것만으로 되지 않습니다. 기도만 해서 되지도 않습니다. 기도와 행동이 같이 되어야 합니다. 모세는 기도하고, 여호수아는 전쟁터에 뛰어들었습니다. 기도 역시 삶의 일부분이기 때문입니다.

우리의 믿음이 우연을 가장한 믿음이 아닌지 점검해야 합니다. 만약 모세가 기도만 하고 이스라엘은 숨어 있었습니다면 어떻게 되었겠습니까? "우리가 기도했으니 하나님께서 누군가를 통해 우리를 구원하실 거야! 우리가 기도했으니 하나님께서 마른하늘에 우박을 내려 적들을 물리쳐 주실거야!" 만약 그렇게 기도하고 앉아있다면 그것은 죽은 믿음입니다. 수동적인 믿음입니다. 하나님은 수동적인 믿음을 가진 자를 사용하지 않으십니다. 그것은 믿음이 아니라 요행을 바라며 하나님을 조종하는 악이기 때문입니다.

하나님이 원하시는 믿음은 하나님의 뜻을 구하는 기도와 행동입니다. 다윗이 이스라엘의 왕이 되었을 때 블레셋이 쳐들어 왔습니다. 블레셋의 어원인 'palash'의 뜻은 '자아 속에 나뒹굴기'입니다. 이때 다윗은 적을 물리쳐 달라고 기도하지 않았습니다. 하나님의 허락 없이 달려들지도 않았습니다. 우리는 자아를 처리하기 위한 그의 기도를 배워야 합니다.

다윗이 여호와께 여쭈어 이르되 내가 블레셋 사람에게로
올라가리이까 여호와께서 그들을 내 손에 넘기시겠나이까

삼하 5:19.

위급한 상황에서 다윗은 자기의 생각을 여쭈었습니다. "하나님! 이렇게 해 주옵소서!"가 아니라 "하나님! 제가 이렇게 할까요?". 이런 기도가 우리를 하나님 앞으로 더 가까이 나아가게 합니다.

하나님의 역사는 사람을 배제하지 않습니다. 하나님께서 말씀하시는 만큼 우리가 전진하고, 우리가 전진하는 만큼 하나님께서 일을 이루십니다. 우리의 목적을 위해 하나님께 구하는 것은 기도가 아니라 탐욕입니다. 우리는 하나님의 말씀을 들을 준비를 하고 기도해야 합니다. 그것이 하나님께서 우리의 기도를 기다리시는 이유입니다.

기도의 중심은 하나님의 마음입니다. 하나님의 마음을 알기 위해 기도할 때 하나님께서 다가오십니다. 그리고 마음의 비밀을 알게 하십니다. 그때 하나님께 정복당합니다. 자기의 생각이 어리석었다는 것을 알게 되고 하나님의 오묘한 계획에 압도당합니다. 귀가 열리고 눈이 열리고 마음이 열리는 것이 비로소 가능해집니다. 하나님께 압도되어 지배를 받는 사람, 그가 자신에게 주어진 부르심을 감당할 수 있는 사람입니다.

이것이 하나님과의 연합입니다. 친밀함입니다. 그런데 까딱 잘

못하면 이 말을 오해할 수 있습니다. 연합이라고 해서 하나님과 자신을 동등하게 생각해서는 안 됩니다. 친밀함이라고 해서 단순히 가깝다고 생각해서도 안 됩니다. 연합과 친밀함이라는 말은 우리가 하나님으로부터 전적인 지배를 받는다는 뜻입니다. 하나님께 지배받는 사람이 하나님의 마음을 가진 사람이 됩니다. 자신의 감정에 따라 요동치는 사람이 아니라 하나님 앞에 복종하는 사람이 됩니다. 처음부터 끝까지 변함없으신 하나님을 따라 변함없는 충성을 할 수 있게 됩니다. 하나님을 작게나마 경험한다면 하나님을 더욱 사랑하게 됩니다. 하나님의 뜻을 알고 그 안에서 움직이며 하나님의 원대한 계획에 동참하게 됩니다.

　하나님을 향한 신앙에 있어 '나'라는 존재는 없습니다. '나'라는 존재를 붙잡고 있는 사람은 하나님 앞에 설 수 없습니다. '나'라는 존재가 살아있는 사람은 하나님의 백성이 될 수 없습니다. 하나님을 조종하려 하기 때문입니다.

관계의 방해물

하나님은 무턱대고의 충성이 아니라 관계에서 오는 충성을 원하십니다. "너희가 내 안에 내가 너희 안에"라는 말씀이 황홀할 정도로 좋아야 합니다. 어떤 관계가 되어야 이 말씀을 황홀하게 느낄 수 있겠습니까? 하나님은 자신과 우리가 둘이 아니라 하나이길 원하십니다. 이것이 관계에서 오는 친밀함입니다.

그렇다면 친밀함을 방해하는 것은 무엇입니까? 죄를 짓게 하는 사탄입니다. 당연히 악입니다. 우리는 이런 사탄을 어디에서 찾습니까? 우리를 불편하게 하는 이웃에게서 찾습니다. 그러나 정작 우리가 찾아야 할 곳은 우리의 마음입니다.

마음은 다른 곳이 아니라 몸 안에 있습니다. 그런데 주님은 몸을 성령의 전이라 하셨습니다. 몸은 하나인데 주인이 둘입니다. 새로운 주인이 오면 옛 주인은 자리를 포기하고 물러나야 합니다. 아니면 새 주인에게 복종해야 합니다. 그러나 마음을 사로잡고 있는 사탄은 떠날 줄도 모르고 새 주인에게 복종할 줄도 모릅니다. 자신이 원하는 탐욕과 편리함을 구하도록 마음을 조종하고 그곳에 더 악한 생각을 뿌립니다.

　우리가 개인의 꿈과 야망과 필요를 위해 하나님께 나아간다면, 그것은 원수에게 조종당하고 있는 것입니다. 그것을 위해 기도한다면 머리로 하나님을 섬기는 것입니다. 하나님을 믿는다는 것은 하나님이 우리에게 필요한 모든 것을 마술적인 방법으로 해결해 줄 것을 기대하면서 삶의 모든 염려로부터 해방됨을 의미하는 것은 아닙니다. 오히려 부와 권력이 주는 우상적 안정감을 포기하고 하나님을 삶의 중심에 받아들이는 것을 의미합니다.14)

　다윗 시대에 블레셋이 수시로 쳐들어 왔습니다. 이럴때 우리는 어떻게 기도합니까? 아마 "하나님! 블레셋을 물리쳐 주시옵소서!"라고 기도했을 것입니다. 그러나 다윗의 기도는 달랐습니다. "하나님! 제가 어떻게 할까요? 올라갈까요? 말까요?" 그리고 하나님은 올라가라고 하셨습니다. 함께 하셨습니다. 누가 과연 하나님을 주인으로 모신 사람입니까?

　우리는 왜 이런 기도가 되지 않습니까? 자신을 성전의 주인으로 착각하기 때문입니다. 하나님은 우리 몸의 새 주인이십니다. 옛 주인이었든 사탄은 이제 설 자리가 없습니다. 주인인척 할 뿐입니다. 사탄은 자꾸 우리의 존재를 부각시킵니다. 그러나 하나님은 자신과 우리의 관계 회복을 위해 모든 것을 실행하십니다.

　우리를 향한 하나님의 관심과 관계는 사탄에게는 시기와 근심이 됩니다. 사탄은 자신의 시기와 근심을 우리에게 쏟아냅니다. 우리가 오합지졸이라면 사탄은 긴장하지 않을 것입니다. 별 볼 일

없는 존재라면 사탄은 우리를 무시하고 방관할 것입니다. 그러나 하나님의 군사로서의 씨앗을 가진 자라면 죽이려 달려들 것입니다. 제대로 된 군사라면 때로는 중상모략하고 또 말살시키려 할 것입니다.

반면 하나님은 자신과 관계 속에 있는 사람을 쓰임에 맞게 강하고 예리하게 단련하십니다. 부르심의 크기는 환난의 크기와 비례합니다. 환난이 없다고 좋아할 필요는 없습니다. 환난이 있다고 절망할 이유도 없습니다.

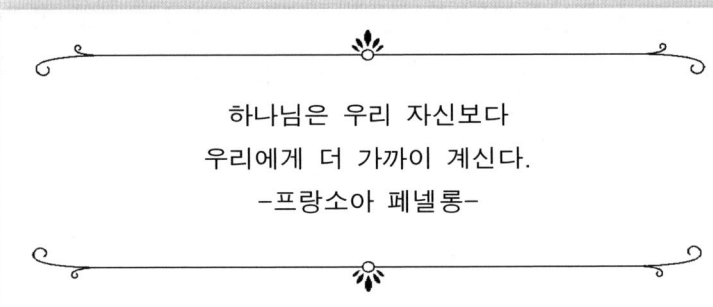

하나님은 우리 자신보다
우리에게 더 가까이 계신다.
-프랑소아 페넬롱-

죄

"사람에게는 선한 것이 정말 하나도 없단다."

하늘 위에서 넓은 평야를 내려다보고 있었습니다. 네모반듯하게 농지정리가 잘된 논들이 끝없이 펼쳐져 있었습니다. 한 면의 길이가 수백 미터에 이르는 논들이 마치 큰 바둑판처럼 짜여있었습니다. 논들은 멀리서 보기에도 이미 모내기를 끝마친 상태였습니다. 그런데 논들이 점점 가까워지길래 보고 있는데 논들 가운데 2차선 도로가 보였습니다. 검은 옷을 입고 금색 포승줄에 묶인 사람들이 일렬로 길 왼편에 길게 꿇어앉아 있었습니다. 앞쪽에 사거리가 있고, 좌회전을 하면 그 길 끝에는 어마어마한 불꽃을 내뿜는 불못이 있었습니다.

시선이 다시 불못쪽으로 점점 가까워지는데, 불못 앞에는 머리부터 발까지 모자가 달린 희고 긴 옷을 입고 금색 허리띠를 한 네 사람이 둘씩 짝을 지어 꿇어앉은 사람들을 차례로 불못에 던지고 있었습니다. 두려움과 평안이 교차했습니다. 네 사람은 천사들이었습니다. 한숨과 눈물이 났습니다. 순간 마치 돌이 물에 떨어지듯이 한 음성이 마음에 툭 떨어졌습니다.

"사람에게는 선한 것이 정말 하나도 없단다."

순간적으로 '우리 안에 숨겨진 죄의 성질까지 죽이는 길은 불타거나 가루가 되는 것 외에는 다른 방법이 없겠다.'라는 생각이 들었습니다.

이제 저의 시선은 모내기를 끝마친 논들을 가까이에서 보고 있었습니다. 그런데 그 많은 논에 심긴 것은 모포기가 아니라 사람의 신체였습니다. 마치 품종이 다른 모를 각각의 논에 심은 듯했습니다. 벼가 자라듯이 이쪽 논에는 사람의 심장이 자라고 있고, 저쪽 논에는 사람의 위장이 자라고 있고, 각각의 논마다 각각의 장기들이 자라고 있었습니다. 논마다 헤아릴 수 없을 만큼 많았습니다.

'아하! 우리가 아프거나 습관적으로 죄에 길들어진 것을 고치기 위해 기도할 때, 새롭게 교체하기 위해 모든 장기가 여기서 자라고 있구나!' 하는 순간 현실에 와 있었습니다.

본성적 악

사람은 눈으로 보고 귀로 듣는 것을 닮습니다. 사람은 선에 물들기보다 악에 물들기가 더 쉽습니다. 우리 안에는 아담으로부터 물려받은 본성적 악이 존재하고 있기 때문입니다. 이 악은 항상 자기중심적입니다.

아담은 하나님께서 자신의 갈비뼈로 만든 하와를 보면서 "이는 내 뼈 중의 뼈요 살 중의 살이라!"고 했습니다. 하나님께서 하와를 지으실 때 아담은 깊이 잠들어 있었습니다. 통증도 느끼지 못했습니다. 그런데 사실에 딱 맞는 놀라운 고백을 했습니다. 그러나 선악의 열매를 먹은 후에는 "하나님이 주셔서 나와 함께 있게 하신 여자 그"라고 했습니다. 책임을 하나님과 하와에게로 돌렸습니다. 이것이 사람의 본성적 악입니다.

아담과 하와가 낳은 첫째 아들 가인은 아버지 아담처럼 농사하는 자였습니다. 둘째 아들 아벨은 양을 치는 자였습니다. 아벨은 양의 첫 새끼와 그 기름을 제물로 드렸고, 가인은 땅의 소산으로 제물을 드렸습니다. 아벨의 제사는 받으시고 가인의 제물은 받지 않으셨습니다. 가인은 몹시 분하여 안색이 변했습니다.

이때 하나님은 가인에게 "죄의 소원은 네게 있으나 너는 죄를 다스릴지니라."고 말씀하셨습니다. 이때까지도 하나님은 가인에게 기회를 주셨습니다. 그러나 가인은 동생을 죽였고 하나님 앞을 떠날 수밖에 없었습니다.

사람에게 들어오는 악의 통로는 여덟 가지입니다. 첫째, 생각을 타고 들어옵니다. 둘째, 눈으로 보는 것을 통해 들어옵니다. 셋째, 귀로 듣는 것을 통해 들어옵니다. 넷째, 입으로 말하는 것을 통해 들어옵니다. 다섯째, 행동하는 것을 통해 들어옵니다. 여섯째, 유전을 통해 혈관을 타고 들어옵니다. 일곱째, 성장하면서 받은 상처를 통해 들어옵니다. 여덟째, 우상숭배를 통해 들어옵니다. 그리고 사람 안에서 죄를 먹고 삽니다.

죄는 사탄의 밥입니다. 사탄은 마음밭에 온갖 죄의 가라지를 뿌립니다. 다툼, 미움, 저주, 시기, 질투, 불신, 판단, 오해, 비난, 탐욕, 교만, 간음, 도적질, 우상숭배와 같은 가라지를 뿌려두고 기다립니다. 가라지는 죄로 오염된 밭에서 힘을 얻고 자라서 열매를 맺습니다. 정작 하나님께서 임하시는 우리의 영은 사방에서 공격받습니다.

이 본성적 악을 선으로 바꾸는 방법이 무엇이겠습니까? 첫째는 순종입니다. 순종은 하나님께 항복했음을 행동으로 보여주는 것입니다. 하나님이 주인이 되셨으니 원수가 더 이상 머물 이유가 없습니다. 둘째는 헌신입니다. 헌신은 하나님을 신뢰하고 있음을 스스로 증명하는 것입니다. 헌신하는 자는 죽지 않습니다. 죽지 않는다는 것은 움직인다는 뜻입니다. 움직이는 모든 것은 목적이 있습니다. 학교를 가든 마트를 가든 나름의 목적이 있어서 움직입니다. 헌신의 정도는 목적의 크기와 비례합니다.

이 땅을 살아가는 이들은 모두 하나님으로부터 받은 독특한 사명이 있습니다. 그것을 이루는 것이 생의 목적입니다. 순종과 헌신이 없이는 결코 이룰 수 없습니다. 그러나 순종과 헌신은 처음부터 저절로 되지 않습니다.

죄는 사람의 모든 생각과 신체를 결박하고 본성적 악에 길들어진 존재로 끌고 다닙니다. 그들을 기다리는 것은 불못입니다. 그러나 하나님은 회개하고 하나님이 원하시는 삶을 살고자 하는 이들의 죄와, 본성적 악에 길들어진 모든 것을 새롭게 하십니다. 새로워진 모든 것은 하나님의 뜻에 따라 움직이는 하나님의 도구가 됩니다. 그리고 순종과 헌신의 길을 걷게 됩니다. 하나님의 사람에게서 옛 습관이 나타나는 것은 옛것을 버리지 않고 새것을 받아들이지 않았기 때문입니다.

사람은 핑계를 찾아내는 탁월한 재주가 있습니다. 아담은 자신이 범죄한 이유가 "하나님이 주셔서 나와 함께 있게 하신 여자 그" 때문이라고 했습니다. 하와는 "뱀이 나를 꾀어서"라고 했습니다.

하나님은 그들에게 "회개하라!"고 하지 않으셨습니다. 땀을 흘리며 움직이게 하셨습니다.

 농사일은 혼자서 하는 것이 쉽지 않습니다. 불과 100년 전 만해도 혼자서 농사짓는 것은 무리였습니다. 땅을 기경하는 것은 쟁기가 있어야 했습니다. 소가 쟁기를 끌든지, 아니면 사람이 앞에서 끌었습니다. 둘 이상이 있어야 쉬운 것이 땅에서 하는 일이었습니다. 선악과를 먹은 후 아담과 하와 중 누구도 자기 책임이라고 말한 이가 없었습니다. 그들에게 같이 "땅을 기경하라!"고 하셨습니다. 한 사람이 없으면 상대는 할 일이 배가됩니다. 한 사람이 아프면 상대는 할 일이 더 많아집니다. 어떻게 해야 하겠습니까? 상대를 인정하고 상대를 축복하고 상대가 건강하기를 기도해야 합니다. 그래야 자신이 쉽고 편하기 때문입니다. 상대를 위해 기도하고 축복하는 것은 사탄이 가질 수 없는 태도입니다.

 우리가 연합해야 함에도 불구하고 적대시하고 경쟁한다면, 우리 안에 사탄이 있다는 증거입니다. 이런 사실을 너무나 잘 아시는 하나님은 아담과 하와를 땅으로 보내셨습니다. 분열의 아픔이 무엇인지 직접 경험하라는 뜻이었습니다. 연합할 수밖에 없는 상황으로 몰아가셨습니다.

 하나님의 사람이 모인 곳에 분쟁이 있다는 것이 무슨 뜻입니까? 그들 속에 하나님의 선과 사탄의 악이 함께 공존하고 있다는 뜻입니다. 사람마다 죄에 길들여진 본성적 악을 가지고 있습니다. 우리가 싸우는 전쟁터는 세상이 아니라 우리의 마음입니다. 마음에서는 사랑과 미움이, 연합과 분쟁이, 교만과 겸손이 매일 전쟁을 치릅니다. 주님께 집중하지 못하고, 자신의 부르심을 이루지 못하게 하는 악은 우리 안에 있습니다. 그리고 우리는 오랫동안 거기에 길들여져 있어서 악이 더 편하고 익숙합니다.

그래서 원수는 자신의 위치를 숨기기 위해 우리의 시선을 밖으로 돌립니다. 그중에 가장 흔한 방법이 시선을 분산시키는 것입니다. 자신을 돌아볼 시간도, 하나님의 마음을 구할 생각도 하지 못하도록 작고 사소한 일들에 신경 쓰고 그것과 다투도록 합니다. 바로 바알세불입니다.

귀신의 왕 바알세불의 의미는 '파리의 대왕' 입니다. 파리는 분주히 날아다니며 사람을 귀찮게 합니다. 시간과 장소를 가리지 않습니다. 조용히 무언가에 집중하려고 하면 어느새 날아와 방해합니다. 앉아있으면서도 잠시도 가만히 있지 않습니다. 앞발을 비비며 시선을 빼앗아 갑니다.

하나님과의 관계를 방해하는 소음은 밖에 있지 않습니다. 이 소음은 사람의 마음에서 나는 소음입니다. 그래서 사람의 생각은 하나님과 원수가 됩니다. 그러나 부서진 자아는 소음을 일으키지 않습니다. 더불어 본성적 자아는 결코 하나님의 성전에 들어갈 수 없습니다.

우리의 마음에 있는 가라지를 제거하지 않고 하나님께서 주신 부르심을 감당할 수는 없습니다. 하나님과 친밀함을 가질 수도 없습니다. 마음속의 가라지가 친밀함을 방해하기 때문입니다.

숨어있는 본성적 악은 우리가 인정할 때 드러나고, 우리는 하나님과 더 가까워집니다. 하나님께서 우리에게 은사와 사명을 주시면 고난의 시련이 뒤따릅니다. 그리고 숨어있는 교만이 고개를 들기도 합니다.

그래서 하나님은 은사와 사명을 주시면서 고난의 시련을 허용하십니다. 평안한 가운데 순종하다가 교만해지는 것보다 환경을 통과하면서 하나님과 함께 하는 것이 훨씬 유익하기 때문입니다.

하나님은 우리가 하나님의 성품을 닮기 원하십니다. 그때 비로소 하나님께서 함께 하시고, 또 우리가 세상에서 거룩하게 구별된 삶을 살아갈 수 있기 때문입니다. 이 일을 위해 하나님은 우리의 정결함을 시험하십니다. 하나님 앞에서의 정결함이 세상을 살아가는 동안 하나님께서 동행하실 근거가 되기 때문입니다.

본성적 악을 제거하는 광야는 하나님 앞에서 가장 정직해질 수 있는 시간입니다. 또한 자신의 허물을 다 드러내고 어떤 가식도 없이 하나님 앞에 엎드릴 수 있는 공간입니다. 가장 솔직해질 수 있는 시간이며, 자신이 스스로 할 수 있는 것이 아무것도 없는 공간입니다. 그곳이 바로 우리가 부르심을 감당할 수 있는 기초가 되는 곳이며 본성적 악이 무엇인지 깨닫게 되는 곳입니다.

자기 착각

하나님과 교제하고 하나님과 연합을 이루는 것은 우리의 영에 달려있습니다. 하나님은 영과의 관계 속에서 혼을 통해 일하십니다. 그러나 혼이 상처와 죄를 숨겨두고 있다면 악은 우리 혼에 대하여 하나님께 소유권을 주장할 것입니다.

상처는 우리가 앞으로 나아가지 못하도록 발목을 잡고 하나님께서 새길을 보여주실 때마다 포기하고 주저앉게 합니다. 죄는 악에게 힘을 실어주고, 하나님께서 일을 명하실 때마다 온갖 원망과 핑계거리를 찾게 합니다. 그런 방해를 받지 않기 위해 우리는 생각뿐만 아니라 죄에 길들어진 몸도 새롭게 하여야 합니다. 그래야 몸으로 하나님을 영화롭게 할 수 있기 때문입니다.

광야의 여정을 시작한 이스라엘은 홍해 바다 앞에서 애굽을 동경했습니다. 굶주릴 때는 애굽의 고기 가마를 그리워하며 모세와 아론을 원망했습니다. 물이 없을 때는 모세를 원망하며 다투었습니다. 가나안 땅을 정탐한 후에는 원망하면서 애굽으로 돌아가려

했습니다. 결국 하나님은 애굽에서 나온 옛사람들이 사라진 후 광야에서 자란 새로운 세대로 계획한 일을 이루셨습니다.

우리의 조그마한 분노나 높아지려는 마음은 사탄이 가장 좋아하는 밥입니다. 사탄은 우리가 만든 악의 통로로 들어와 우리 안의 죄를 먹으며 점점 주인의 자리에 앉습니다. 그리고 습관적으로 죄에 익숙하게 길들어지는 죄의 종으로 만듭니다.

사람이 멸망하는 이유는 자기 혼의 주인이 누구인지 모르기 때문입니다. 그리스도 안에서 변화하고 성숙하기 전까지 혼은 사탄의 집이었습니다. 사탄이 혼의 주인이었습니다. 우리는 사탄의 생각을 우리의 생각으로 오해하고 생각을 고집스럽게 붙잡고 있었습니다. 또 사탄이 원하는 대로의 삶을 살고 있었습니다.

예수님은 가이샤라 빌립보에서 사람들이 자신을 누구라 하는지 제자들에게 물으셨습니다. 제자들은 세례 요한이나 엘리야나 예레미야나 선지자 중에 하나라고 한다고 했습니다. 예수님은 다시 제자들에게 "너희는 나를 누구라 하느냐?"고 물으셨습니다. 이때 베드로는 "주는 그리스도이요 살아계신 하나님의 아들이시라."고 했습니다. 이에 예수님은 놀라운 축복을 하셨습니다.

예수께서 대답하여 이르시되 바요나 시몬아 네가 복이 있도다 이를 네게 알게 한 이는 혈육이 아니요 하늘에 계신 내 아버지시니라 또 내가 네게 이르노니 너는 베드로라 내가

> 이 반석 위에 내 교회를 세우리니 음부의 권세가 이기지 못하리라 내가 천국 열쇠를 네게 주리니 네가 땅에서 무엇이든지 매면 하늘에서도 매일 것이요 네가 땅에서 무엇이든지 풀면 하늘에서도 풀리리라 하시고 마 16:17-19.

베드로의 놀라운 고백에 주님은 만족하셨습니다. 그러나 베드로 안에도 제거되어야 할 악이 있었습니다.

예수님은 자신이 예루살렘에서 당하실 고난과 죽으심과 부활을 말씀하셨습니다. 이때 베드로는 "그리하지 말라."고 간청하면서 "그런 일을 결코 없을 것"이라고 했습니다. 표면적으로 분명히 예수님을 위하는 인정의 말이었습니다. 그러나 예수님은 베드로 안의 악을 보셨습니다. 베드로의 입술을 통해 나온 말은 베드로의 생각이 아니었습니다. 베드로의 혼을 주관하는 사탄의 말이었습니다. 예수님은 베드로 안의 악을 엄하게 책망하셨습니다.

> 사탄아 너는 내 뒤로 물러가라 너는 나를 넘어지게 하는 자로다 네가 하나님의 일을 생각하지 아니하고 도리어 사람의 일을 생각하는도다 하시고 마 16:23.

사탄은 우리 안에서 죄를 먹고 능력을 강화시킵니다. 그리고 사람의 인정에 끌리는 생각을 만들어냅니다. 우리 안에서 생겨나는 생각이지만 우리의 생각이 아닙니다. 그것은 우리 혼을 쥐고 있는 사탄의 생각일 뿐입니다. 우리가 가장 경계해야 할 것 중의 하나는 바로 자기 생각입니다.

믿음의 조상 아브람은 아들을 낳기 위해 사래와 자신의 생각으로 이스마엘을 낳았습니다. 하나님이 주신 이삭의 후손이 이스마엘의 후손과 끝없는 경쟁을 해야만 했습니다. 모세는 자기의 생각으로 애굽 사람을 쳐 죽였고 도망자가 되었습니다. 이스라엘은 하나님께서 아브람에게 말씀하셨던 400년보다 30년이나 더 혹독한 생활을 해야만 했습니다. 사무엘은 하나님께서 이미 버리신 엘리압을 보고 자기 생각대로 그에게 기름을 부으려 했습니다.

우리는 항상 자신의 생각을 살필 줄 알아야 합니다. 말씀으로 살피고, 또 성령께서 조명해 주시기를 기도해야 합니다. 자기 안에 숨겨진 악이 무너지도록 선포하고 동시에 회개가 동반되어야만 합니다.

사람의 길과 하나님의 길

교회에 출석한다고 해서 모두 하나님의 자녀가 되는 것은 아닙니다. 교회에 등록하면 모두 교인이 됩니다. 그러나 하나님은 교인을 원하시는 것이 아니라 자녀를 원하십니다. 교인은 다만 자녀가 될 가능성을 가진 사람일 뿐입니다. 교회 안에서 하는 일이라 해서 전부 하나님의 일이 될 수 없는 것과 같은 이유입니다. 교회는 주님의 몸인 동시에 죄성을 가진 사람의 집단이기 때문입니다.

사람이 자기 생각과 자기 방식으로 일한 것은 하나님과 전혀 상관이 없습니다. 예수 그리스도를 구주로 믿는다고 해서 옛 생각과 습관과 삶의 방식이 모두 바뀌는 것은 아니기 때문입니다. 신분만 바뀌었을 뿐 상태는 그대로입니다. 끊임없이 자신의 상태를 변화시키고 습관을 고치려고 노력해야 합니다.

너희는 이 세대를 본받지 말고 오직 마음을 새롭게 함으로 변화를 받아 하나님의 선하시고 기뻐하시고 온전하신 뜻이 무엇인지 분별하도록 하라 롬 12:2.

이 말씀은 믿지 않는 자들에게 하신 말씀이 아닙니다. 이미 믿는 이들에게 하신 말씀입니다. 그래서 우리는 일을 할 때마다 하나님의 생각과 방법을 물어야 합니다.

> 내 생각은 너희 생각과 다르며 내 길은 너희 길과 다름이니라 여호와의 말씀이니라 이는 하늘이 땅보다 높은 같이 내 길은 너희의 길보다 높으며 내 생각은 너희의 생각보다 높음이니라 사 55:8-9.

생각이 다르고 길이 다르면 길을 가는 방법도 다른 것이 정상입니다. 길이 높고 생각이 높으면 일을 처리하는 방법도 더 높은 것이 정상입니다. 그런데 과연 누가 하나님의 생각을 묻고 있습니까? 누가 하나님의 방법을 묻고 있습니까?

예수님은 다윗의 혈통으로 이 땅에 오셨습니다. 하나님께서 다윗을 이 땅에 오시는 예수님의 통로로 사용하신 것은 다윗만이 가지는 독특함이 있었기 때문입니다. 다윗은 위급한 일이 있을 때마다 하나님께 자기의 생각을 들어주길 기도하지 않았습니다. 도리어 하나님의 생각을 여쭈었습니다.

사울을 피해 도망 다니던 다윗은 부하들을 데리고 블레셋의 가드 왕 아기스에게 의탁했습니다. 아기스는 다윗에게 시글락에 머물 수 있도록 해주었습니다. 시간이 흐른 후 블레셋과 이스라엘의 전쟁이 있을 때 아기스는 다윗에게 함께 이스라엘을 공격하자고 했습니다. 다윗이 그와 동행했지만 블레셋의 방백들은 다윗이 전쟁에 참여하는 것을 반대했습니다. 다윗이 이스라엘의 편에 서서 자신들을 공격할 수 있다는 이유 때문이었습니다.

반대에 부딪쳐 3일 만에 돌아왔더니 시글락은 아말렉의 공격을 받아 불타고 있었습니다. 여인들과 자녀들이 다 사로잡혀 가고 아무도 없었습니다. 이때 분노한 백성이 돌로 다윗을 치려고 했습니다. 이런 위급한 상황에서 다윗은 우리가 상상할 수 없는 기도를 했습니다.

> 내가 이 군대를 추격하리이까 내가 그들을 따라 잡으리이까
> 삼상 30:8.

과연 누가 이런 기도를 할 수 있겠습니까? 우리가 이런 상황이라면 솔직히 어떻게 기도합니까? "주님! 저를 살려 주옵소서!" "주님! 저희의 처자식을 돌려보내 주옵소서!" "주님! 아말렉이 마음을 돌이키게 하옵소서!" 이것이 일반적인 기도입니다.

그런데 다윗의 기도는 우리가 하는 기도와는 사뭇 달랐습니다. 자신의 두 아내가 잡혀가고, 또 아내와 자녀를 잃어버린 사람들이 돌을 들어 자신을 치려는 순간에 어떻게 하나님의 생각을 물을 수 있습니까?

우리의 생각은 보편성을 벗어나지 못하지만, 하나님의 생각은 항상 우리의 보편성 너머에 있습니다. 생각이 다르면 길이 다르고,

길이 다르면 가는 방법이 달라집니다. 우리는 하나님의 생각을 묻는 것에 주저하지 않아야 합니다.

고통은 반항하는 영혼의 요새 안에
진실의 깃발을 꽂는다.
- C.S. 루이스-

자 세

"너는 사역을 내려놓아라!
그리고 무릎을 꿇고 배워라!"

사역에 재미가 붙고 나름의 계획을 세워 때를 기다릴 즈음, 주님은 조용히 다가오셨습니다. 그리고 말씀하셨습니다.

*"너는 사역을 내려놓아라!
그리고 무릎을 꿇고 배워라!"*

목사인 저에게 '사역을 멈추라' 하셨습니다. 저의 장래와 가족의 생계가 달린 문제였습니다. 저의 주인의 말씀이었습니다. 그 말씀이 선포된 순간부터 저를 다시 세우실 때까지 저의 사역은 의미가 없다는 것을 깨닫기까지 불과 몇 분이 소요되지 않았습니다.

2주 후 교회를 사임했습니다. 신학대학과 신학대학원 동안 습득했던 신학지식과 교회 사역에서의 경험을 모두 내려놓았습니다.

그리고 3년간의 새로운 배움이 시작되었습니다. 저의 내면과 가계를 살피고 하나님과 교통하기 위하여 엎드리는 것 외에는 할 수 있는 것이 없었습니다.

부교역자로 사역하면서 늘 마음에 품고 있던 생각가운데 하나는 교회개척이었습니다. 개척을 위해 지인과 함께 매입해 놓은 땅이 있었습니다. 하나님은 그것조차 막으셨습니다.
주님은 그 땅을 팔아 선교헌금으로 봉헌하라고 하셨습니다. 땅을 팔고 지인의 지분만큼 돌려주고 선교헌금으로 봉헌했습니다. 다시 말씀하셨습니다.

"너는 내 종이니라!"

그리고 할 일을 말씀하셨습니다. 사역을 위해 자의로 하는 것은 그것이 무엇이든 무의미했습니다. 저에게 필요한 것은 목사의 신분이나 계획이 아니라 종의 자세였습니다.

주인과 종

종은 자기 시간이 없고, 자기 장소가 없고, 자기 계획이 없습니다. 시간도 장소도 계획도 모두 주인의 뜻에 달려있습니다. 그래서 종의 자세는 첫째 순종, 둘째 순종, 셋째 순종입니다. 이것 외에 다른 것은 없습니다.

종의 신실함은 주인이 눈에 보이지 않을 때 나타납니다. 약삭빠르거나 게으른 종은 주인의 눈앞에서 충성합니다. 주인의 그늘에서 물을 긷고 도끼질을 합니다. 그러나 신실한 종은 주인의 눈을 의식하지 않고 주어진 일을 합니다. 자기가 해야 할 일이기 때문입니다. 주인은 자기의 보호자이자 공급자라는 사실을 알기 때문입니다. 주인이 있어야 종이 있습니다. 종이 없는 주인은 있어도 주인이 없는 종은 없습니다. 큰 주인일수록 종의 삶은 더욱 안정됩니다. 신실한 종일수록 주인은 더 높아집니다. 이것이 주인과 종의 관계입니다.

다윗은 헤브론에서 기름 부음을 받고 유다 족속의 왕이 되었습니다. 7년 6개월 후 이스라엘의 왕으로 다시 기름 부음을 받았습니다. 소식을 들은 블레셋이 다윗에게로 올라왔습니다. 왕이 되자마자 전쟁이 시작된 것입니다.

하나님의 은혜로 왕이 되었는데, 그렇다면 나라가 평안해야 하지 않겠습니까? 왕이 되자마자 전쟁이 일어나면 백성은 어떤 생각을 하겠습니까? 우리가 이런 상황이라면 솔직히 어떻게 기도합니까? "주님! 블레셋을 물리쳐 주옵소서!" "주님! 도울 자를 보내주옵소서!" "주님이 저들을 막아주시고 심판하여 주옵소서!" 혹 이렇게 기도하지 않습니까? 그런데 다윗은 전혀 다른 기도를 했습니다.

> … 내가 블레셋 사람에게로 올라가리이까? 여호와께서 그들을 내 손에 넘겨주시겠나이까… 삼하 5:19.

하나님께서 무엇을 하여 주시길 기도하고 뒤로 물러서 있는 것이 아니라 하나님 앞에서 어떻게 해야 할지 자기 의견을 여쭈었습니다.

하나님은 주인이시고 우리는 종입니다. 주인이신 하나님께 묻고 말씀하시는 대로 행하는 것이 종의 본분입니다. 다윗은 자신을 왕으로 세우신 주인이 누구이신지 분명히 알고 있었습니다. 하나님은 항상 우리 생각의 경계 밖에서 계획하시고 말씀하십니다. 우리보다 더 높은 생각과 더 놀라운 방식을 말씀하십니다. 다만 우리에게는 순종할 의무만 있을 뿐입니다.

하나님 앞에서 우리의 생각은 지푸라기와 같습니다. 물에 빠진 사람은 지푸라기라도 잡는다는 말이 있습니다. 간절함은 있지만 사실 아무 소용이 없습니다. 만약 끝까지 지푸라기를 움켜쥐고 있다면 정작 구원의 도구를 잡을 수 없습니다. 지푸라기와 같은 생각을 붙잡고 있는 한, 하나님의 생각과 방법을 따를 수 없습니다. 손에 잡은 것을 놓기 전에는 다른 것을 잡을 수 없기 때문입니다.

다윗의 후손으로 오신 예수님은 붙잡혀 고문당하고 죽임당해야 한다는 현실 앞에서 자기의 생각을 고집하지 않으셨습니다. 아버지의 생각대로, 아버지의 방법대로 되기를 3번이나 기도하셨습니다. '3'은 완전수이며 확정의 숫자입니다. 자신의 모든 것을 아버지께 맡기기로 확정한 것이고, 아버지의 원대로 하는 것이 가장 완전한 방법이라는 것을 보여주셨습니다.

아버지여 만일 할 만 하시거든 이 잔을 내게서 지나가게 하옵소서 그러나 나의 원대로 마옵시고 아버지 원대로 되기를 원하나이다 마 26:39, 42, 44.

우리도 이처럼 간절히 하나님의 생각과 방법에 자신을 맡기고 있습니까? 아니면 그저 낮고 얄팍한 자기 생각으로 하나님을 제한하고 있지는 않습니까? 혹 만물이 담을 수 없는 광대하신 하나님을 감히 티끌과 같은 우리의 생각 안에 가두려 하지는 않습니까?

우리의 마음은 아주 작고 옹졸해질 수도 있고 대양보다 넓고 원대해질 수도 있습니다. 그럼에도 하나님을 담기에는 턱없이 부족합니다. 그러나 하나님은 너무나 겸손하셔서 우리 안에 오셨습니다. 그렇다고 우리가 함부로 조종할 수 있는 분이 아니십니다. 주인으로 오셨기 때문입니다. 우리의 뜻이 중요한 것이 아니라 주인의 뜻이 중요합니다. 하나님은 바로 하나님의 뜻에 순종하는 한 사람을 찾으시고 귀하게 사용하십니다. 하나님께서 필요로 하는 사람은 많은 사람이 아니라 오직 순종하는 한 사람입니다.

사탄은 우리에게 과정을 뛰어넘으라고 속삭입니다. 그러나 하나님은 모든 과정을 통과하라고 말씀하십니다. 우리의 순종은 하나님께서 움직이실 근거를 만들기 때문입니다. 작은 순종이 더 큰 사명을 불러옵니다. 그래서 하나님은 순종이 있기 전에 다음 단계의 일을 말씀하지 않으십니다. 그러므로 순종이 없다면 하나님 앞에서 어떤 열매도 맺히지 않고 어떤 일도 일어나지 않습니다.

우리는 자칭 신실하다는 사람들을 만납니다. 하나님에 대하여 많이 안다고 자신하는 사람들을 만납니다. 성경을 연구하고 토론하기 좋아하는 사람들을 만납니다. 그런데 사실 우리가 하나님에 대하여 알면 얼마나 알겠습니까? 하나님은 지식의 하나님이신데 감히 우리가 하나님에 대하여 안다고 말할 수 있겠습니까? 또 성경에 대하여 알면 얼마나 알고 있습니까? 우리가 몸 안에 있는 한 성경을 아무리 깊이 보려고 해도 희미하게 볼 수밖에 없습니다.
　하나님은 우리가 지식으로 채우기를 원하지 않으십니다. 마음을 새롭게 변화시키기를 원하십니다. 그래야 하나님의 뜻을 분별할 수 있기 때문입니다.

　　너희는 이 세대를 본받지 말고 오직 마음을 새롭게 함으로 변화를 받아 하나님의 선하시고 기뻐하시고 온전하신 뜻이 무엇인지 분별하도록 하라 롬 12:2.

　지식의 하나님 앞에서 얕은 지식을 자랑할 필요는 없습니다. 신실하신 하나님 앞에서 자랑할 만한 행위도 없습니다. 다만 자랑할 것이 있다면 하나님을 아는 것과 하나님에 대하여 깨달은 것뿐입니다.

　　자랑하는 자는 이것으로 자랑할지니 곧 명철하여 나를 아는 것과 나 여호와는 인애와 공평과 정직을 땅에 행하는 자인 줄 깨닫는 것이라 렘 9:24.

　하나님을 아는 것과 하나님에 대해 깨닫는 것은 지식을 통한 깨달음이 아닙니다. 우리는 하나님의 존재에 대해서는 지식으로 희미하게나마 알 수 있습니다. 그러나 관계는 지식으로 알 수 없습니다. 관계는 경험으로만이 알 수 있기 때문입니다.
　지식의 하나님께서 지식을 요구하지 않으십니다. 이미 충만한 지식을 갖고 계시기 때문입니다. 능력을 요구하지 않으십니다. 이미 모든 능력의 주인이시기 때문입니다. 우리에게 원하시는 것은 아버지와 자녀의 관계입니다. 이외의 것은 모두 차선입니다.

우리는 하나님께 뭔가 드림으로 인정받으려 합니다. 그러나 소를 드리고 양을 드린다고 해서 기뻐하지 않으십니다. 일하시는 하나님은 필요한 모든 것을 얼마든지 창조하실 수 있으시고, 땅과 거기에 충만한 것이 이미 다 하나님의 것이기 때문입니다. 다만 하나님께서 원하시는 것은 함께 행하는 것입니다. 함께 하는 관계입니다.

하나님과 함께 하는 관계 속으로 들어가고 싶다면, 하나님께서 함께 하시는 것을 느끼고 싶다면 우리가 변화되어야 합니다. 예수 그리스도를 믿고 새사람이 되었다고 하지만 우리는 여전히 죄를 짓기 때문입니다. 죄 없다는 선언을 받았지만, 여전히 죄성을 가지고 있습니다. 언제든지 죄를 지을 수 있다는 뜻입니다.

선과 악이 공존할 수 없는 것은 당연한 이치입니다. 그런데 우리는 여전히 악을 따르면서 하나님과 동행하겠다고 장담합니다. 죄에 길들여진 행동을 하면서 말씀만 하시면 순종할 수 있다고 생각합니다. 만일 하나님의 동행자가 되기 원한다면 우리에게는 엄청난 변화가 있어야 합니다. 또 우리는 모든 악을 버리고 하나님의 선에 민감해져야 합니다. 그때 하나님과 동행하며 모든 말씀에 순종할 수 있기 때문입니다.

종의 의무

주님께서 주시는 메시지에 가끔 당황할 때가 있습니다. 주시는 대로 받아서 그대로 순종하려고 애쓰지만, 그래도 가끔 어떤 메시지는 저를 고민하게 합니다. 그럴 때는 저의 믿음 없음이 여실히 드러나는 순간들입니다.

이웃을 축복하고 기도하는 것은 성도의 의무 중 하나입니다. 평소 알고 지내던 사역자를 위해 기도하고 있었습니다. 그런데 기도의 주인께서 기도를 멈추라 하셨습니다.

"그를 위해 기도하지 말라!"

처음에는 잘못들은 줄 알았습니다. 두려움 가운데 머뭇거리고 있을 때 다시 말씀하셨습니다.

"그를 위해 기도하지 말라! 그는 교만하니라!"

저에게는 순종할 의무만 있었습니다. 교만이 얼마나 무서운 것인지 새삼 깨닫게 되는 순간이었습니다. 며칠 후 평소 알고 지내던 K사모님을 만났습니다. "목사님! L님을 위해 기도하는데, 주님이 그를 위해 기도하지 말라고 하시는데 어떻게 해요?"라고 물었습니다. 저는 "저도 들었습니다. 하지 말라 하셔서 멈추었답니다."라고 했습니다.

우리에게 전적인 순종이 없다면, 그것은 자기 의를 붙잡고 있다는 증거입니다. 하나님은 우리 생각의 경계 밖에서 보시고 판단하시고 말씀하십니다. 우리 눈에 보이는 것 너머의 것을 말씀하십니다. 이것이 우리가 말씀에 순종하기 어려운 이유 가운데 하나입니다.

참된 순종은 자기 생각이 없는 사람이 할 수 있습니다. 육신의 생각은 사망입니다. 육신의 생각은 하나님과 원수입니다. 하나님의 말씀에 대한 모든 순종은 선택사항이 아니라 필수사항입니다. 그러나 하나님은 우리에게 강제로 순종하게 하지 않으십니다.[15]
만약 순종이 무엇인지 묻는다면 그것은 답을 찾을 수 없는 질문입니다. 순종은 머리로 계산되거나 이해되는 것이 아니기 때문입니다. 순종이 무엇인지 알고 싶다면 일단 순종해야 합니다. 순종은 순종을 통해 알아가고 배우게 됩니다. 다른 방법은 없습니다. 하나님께서 원하시는 믿음은 우리가 일반적으로 말하는 믿음

위에 행함이라는 순종이 더해진 것입니다. 믿음은 하나님께서 예정해 놓으신 여정을 걸어갈 힘을 줍니다. 그때 하나님 앞에서 역사가 일어납니다. 그럼에도 우리가 순종하지 못하는 이유는 무엇입니까? 변화를 두려워하기 때문입니다. 익숙함이 편하고 좋지만, 한편 독이 될 수 있다는 사실을 알면 순종하기를 지체하지 않게 됩니다.

하나님은 우리의 성취를 통해 영광 받으시는 것이 아니라 순종을 통해 영광받으십니다. 그래서 순종의 여정 동안 하나님은 함께하십니다. 순종이 힘들기 때문이며, 순종이 하나님께서 일하실 수 있는 길을 열어주기 때문입니다.

말씀으로 만물을 만드신 하나님께서 우리가 가는 순종의 여정에서는 침묵하십니다. 처음 여정을 시작할 때는 말씀과 꿈과 환상을 보여주신 하나님께서 어느 순간부터 침묵하십니다. 모든 것이 멈춘 것 같고 잘못된 것 같습니다. 계속 가야 할지 돌아서야 할지 기도해도 응답이 없습니다. 숨막히는 답답함과 절망이 끝없이 이어집니다. 수개월이 흐른 후에 비로소 하나님께서 계속 우리를 쫓고 계셨다는 사실을 깨닫게 됩니다.

우리가 가던 길을 포기하지 않는 한, 하나님은 포기하지 않으십니다. 그 숨 막히는 답답함과 절망 속에서 발견하는 것은 하나님과의 관계의 소중함입니다. 이 사실을 깨닫게 하시려고 광야로 내몰기도 하시고 물 없는 구덩이에 넣기도 하십니다.

순종의 방해물 - 자아

아말렉은 모든 그리스도인이 가지고 있는 옛 성품입니다. 스스로 높아지려는 마음, 상대를 조종하려는 마음, 자신의 배를 채우려는 마음, 이웃의 아픔과 약점을 기회로 삼으려는 마음, 이런 모든 성품은 모든 것을 비우고 낮아지신 하나님의 성품과 정면으로 충돌합니다.

하나님은 사울에게 아말렉의 모든 것을 진멸하라고 하셨습니다. 사울은 애굽 앞까지 가서 아말렉을 치고 돌아왔습니다. 그러나 100%의 순종이 아니었습니다. 99.9%의 순종에 0.1%의 불순종이 더하여지면 순종이겠습니까? 불순종이겠습니까? 당연히 불순종입니다. 순종은 불순종을 감싸지도 않고 희석하지도 않습니다. 불순종이 순종의 뒤에 숨을 수는 없습니다. 그런데 사울은 불순종을 택하고 말았습니다.

주제님은 불순종을 선택한 사울은 이스라엘을 동에서 서로 가로질러 하나님의 포도원(갈멜)에 자기를 위하여 기념비를 세웠습니다. 그리고 다시 이스라엘을 서에서 동으로 가로질러 요단 들판에 있는 길갈로 내려갔습니다.

> 사무엘이 사울을 만나려고 아침에 일찍이 일어났더니 혹이 사무엘에게 고하여 이르되 사울이 갈멜에 이르러 자기를 위하여 기념비를 세우고 돌이켜 길갈로 내려갔다 하는지라
>
> 삼상 15:12.

순종은 필수입니다. 다만 하나님은 누구에게도 순종을 강제하지 않으십니다. 선택의 자유를 주시고 그 책임을 지게 하십니다. 여기 사울의 행위 안에서 두 가지 자아의 문제가 등장합니다. "자기를 위하여 기념비를 세우고… 길갈로 내려갔다."는 것에서 나타납니다.

아말렉은 이스라엘 백성이 홍해를 건너 율법과 성막에 관한 규례를 받기 위해 시내산으로 갈 때, 가나안을 정탐 후 하나님에 대하여 원망을 쏟아내며 불신할 때 마주쳤던 족속입니다. 길갈은 이스라엘 백성이 요단강을 건넌 후 가나안에 들어와 처음으로 진을 치고 광야에서 태어난 이스라엘의 모든 남자가 할례를 받은 곳입니다.

'할례'는 생식기의 끝 표피를 '둥글게 베어 내다'는 뜻입니다. 아브라함의 후손이라면 신분고하를 막론하고 집행해야만 했습니다. 선민이 되는 필수요건으로 옛 자아를 죽인다는 의미였습니다. 하나님은 가나안 정복을 앞두고 여리고 성 앞에서 이스라엘 백성에

게 할례를 행하라 하셨습니다. 이들은 할례와 관련된 조상들의 이야기를 알고 있었습니다.

야곱의 딸 디나가 히위 족속의 추장 세겜에게 강간당한 사건이 있었습니다. 세겜은 아버지 하몰에게 디나를 아내로 얻어 달라고 요청했습니다. 일의 내막을 알게 된 야곱의 아들들이 하몰과 아들 세겜을 속였습니다. '너희 중 모든 남자가 할례를 받으면 한 민족이 될 것'이라고 했습니다. 히위 족속은 지체하지 않고 모든 남자가 할례를 받았습니다. 그리고 가장 고통스러운 3일째 되던 날, 시므온과 레위가 모든 남자를 죽였고, 형제들이 성을 노략질했습니다.

이런 과거를 아는 이스라엘 백성은 정복해야 할 여리고 성 앞에서 모든 남자가 할례를 받는다는 것이 얼마나 위험한 일인지 알고 있었습니다. 그러나 하나님의 보호하심을 알고 믿음으로 행하였습니다. 적이 쳐들어올지 모른다는 두려움을 넘어, 지금은 상황에 맞지않다는 이성의 판단을 넘어 순종했습니다.

사람의 생각이라면 당연히 여리고 성을 정복한 후 성안에서 성문을 굳게 닫고 행할 것입니다. 그러나 순종은 사람의 생각과 환경과 시간을 고려하지 않습니다. 순종은 자기를 포기한 사람만이 할 수 있는 하나님에 대한 최선이기 때문입니다.

모든 백성이 자아를 죽인다는 의미로 할례를 행한 길갈에서 사울은 자신의 불순종을 숨기며 하나님께 제사하려 했습니다. 바로 아말렉이라는 자아를 죽이라는 명령에 불순종하고, '하나님의 포도원(갈멜)'에 자기를 위한 기념비를 세운 후의 일이었습니다. 그리고 사무엘의 책망이 있을 때, 자기 불순종의 이유를 백성에게로 돌렸습니다.

> 다만 백성이 그 마땅히 멸할 것 중에서 가장 좋은 것으로 길갈에서 당신의 하나님 여호와께 제사하려고 양과 소를 끌어 왔나이다 하는지라 삼상 15:21.

하나님께서 말씀하실 때 다른 생각을 하지 않아야 합니다. "밤이 늦어서 안 됩니다." "몸이 아파서 안 됩니다." "다른 일정이 있어서 안 됩니다." "같이 있는 사람들이 싫어해서 할 수 없습니다." "상식에 맞지 않으니 안 됩니다." 이런 모든 것은 영적인 손상을 가져옵니다. 말씀하시는 하나님보다 자신을 더 신뢰하는 어리석음 때문이며, 검토되지 않고 제멋대로 행하도록 버려둔 생각들은 부르심을 향해 나아가지 못하도록 우리를 가로막는 최악의 걸림돌이 될 수도 있기 때문입니다.16)

그러므로 우리가 해야 할 첫 순종은 바로 자기 부인입니다. 반대로 하나님께서 말씀하지 않으실 때는 침묵하고 기다려야 합니다. 밤이 늦었어도 하나님은 구애받지 않으십니다. 시간과 공간의 경계 밖에 계시기 때문입니다. 조바심을 버리지 못하면 하나님의 손에 붙잡혀 있을 수 없습니다. 조급함이 자신을 자랑하고 두려움과 불순종을 만들기 때문입니다.

순종의 방해물 - 수치

　우리를 향한 하나님의 은총은 사탄이 우리를 시기하게 합니다. 하나님께서 씨앗을 뿌린 곳에는 사탄도 가라지를 뿌립니다. 그 밭이 좋다는 것을 알기 때문입니다. 또 하나님께서 뿌리신 씨앗은 자라서 땅을 정복하고 다스릴 것이며, 하나님을 만족시킬 것이란 사실을 알고 있기 때문입니다. 하나님이 번제물을 받으신 아벨보다 아벨을 시기하여 쳐 죽인 가인이 먼저 태어났습니다. 씨로 여김을 받는 약속의 자녀 이삭보다 육신의 자녀인 이스마엘이 먼저 태어났습니다. 하나님께서 사랑하는 야곱보다 미워하는 에서가 먼저 태어났습니다. 알곡과 가라지의 비유를 너무나 적나라하게 보여줍니다.
　육신을 타고 태어난 자와 하나님의 성령을 좇아 태어난 자 사이에는 적개심이 있습니다. 하나님의 택하심을 입은 씨앗들은 그것이 일이든 사람이든 상관없이 땅에 속한 마음을 가진 사람들에게는 좋게 보이지 않습니다. 육신으로 난 것들은 영으로 난 것을 핍박하는 것이 자신들의 일이기 때문입니다.

 이스라엘 백성이 왕을 요구하고, 왕을 세워 나라를 다스리는 과정에서도 알곡과 가라지의 비유를 현실성 있게 볼 수 있습니다.
 왕을 세워 달라는 백성의 요구를 들으신 하나님은 베냐민 지파의 사울을 왕으로 세우셨습니다. 그는 이스라엘 자손 중에서 가장 준수했고 모든 백성보다 어깨 위만큼 더 큰 사람이었습니다. 하나님의 다스림이 아니라 사람의 다스림을 원하는 이스라엘 백성에게 크고 준수한 사울은 안성맞춤이었습니다. 하나님은 눈에 보이는 대로 판단하고 쫓아가는 백성의 요구를 들어주셨습니다. 다만 그 결과는 백성이 책임져야만 했습니다.

 이스라엘 백성이 보기에 크고 준수한 사울은 주변의 다른 나라 왕들보다 훌륭해 보였습니다. 그러나 사울은 왕이 된 지 불과 2년 후에 망령된 행실로 책망을 받았습니다. 하나님께서 마음에 맞는 사람을 구하셨다는 말도 들었습니다. 이때부터 사울은 어긋나기 시작했습니다. 그 상태로 38년 동안 계속 왕위에 있었습니다. 전쟁하는 군사들에게 어처구니없게도 금식을 선포하고, 아말렉과 그들의 모든 소유를 진멸하라는 하나님의 말씀에 불순종했습니다. 자기를 위해 기념비를 세웠고, 하나님보다 백성을 더 두려워했습니다. 자기를 높이는 일에 열심이었습니다.

 이웃의 성공을 자신의 실패로 인식한다면, 그는 수치에 길들여진 사람입니다. 사울이 다윗에 대하여 분노한 이유가 이것입니다. 사울이 왕 위에 있으면서 가장 오랫동안 가장 끈질기게 한 일은 하나님의 마음에 합한 사람 다윗을 죽이려는 일이었습니다. 무려 13년 동안 다윗을 죽이려 했습니다. 하나님께서 기름 부은 다윗이었지만, 사울의 입장에서는 자신을 대적하는 원수였기 때문입니다.

한편 다윗은 수금 연주를 잘하는 작은 소년이었습니다. 마음의 중심이 오로지 하나님을 향해 있었습니다. 다윗은 사울에게 쫓기는 동안 훌륭한 지도자로 성장했습니다. 그리고 조상 아브라함이 헷 족속에게서 돈을 주고 합법적으로 구입한 헤브론에서 왕이 되었습니다. 다윗이 왕이 되기 위해서 사울은 반드시 죽어야만 했습니다. 사울의 아들 요나단도 반드시 죽어야만 했습니다. 요나단이 비록 다윗의 친구였지만, 다윗이 왕이 되는 과정에서 요나단이 죽지 않았다면 다윗은 온전히 왕의 직무를 감당할 수 없었을 것입니다.

요나단이 살아있었다면 다윗이 약해질 때 사울의 추종자들이 과연 가만히 있었겠습니까? 다윗이 유다 족속의 왕이 되었을 때, 사울의 추종자들이 마하나임에서 사울의 아들이자 요나단의 동생인 이스보셋을 이스라엘의 왕으로 세웠습니다. 이스라엘의 초대 왕이었다가 버림받고 전쟁터에서 죽은 사울의 수치를 만회하려 했습니다. 그러나 이스보셋은 자신의 침실에서 부하들의 칼에 의해 죽고 말았습니다. 이스보셋의 이름의 뜻은 '수치를 가진 자, 수치와 함께 하는 자'입니다.

한편 다윗의 친구였던 요나단에게는 므비보셋이라는 절름발이 아들이 있었습니다. 다윗은 그에게 조부 사울 왕의 밭을 주고 자신의 상에서 함께 먹도록 했습니다. 므비보셋은 자신을 "죽은 개 같은 자"라고 했습니다. 이것은 '자기 이해의 정죄'입니다. 아무도 모를지라도 스스로 자신의 모습을 알고 인정하는 것입니다. 왕조가 바뀌면 전 왕조의 후손은 멸족당하는 것이 관례였습니다. "죽은 개 같다."는 므비보셋의 말은, 자신은 이미 버림받은 왕조의 후손으로 이제 권력에 마음이 없다는 의미였습니다. 그는 조부와 부친의 실패를 그대로 인정했습니다. 므비보셋의 이름의 뜻은 '수치를 조각내다, 수치를 파괴하다'입니다. 그는 자기의 수치를 인정했고, 왕의 상에서 함께 먹을 수 있는 존귀한 자가 되었습니다. 수치는 인정하는 순간 드러나고, 드러나는 순간 무너집니다.

순종의 방해물 - 경험과 두려움

왕의 자리에 있는 사울을 버리신 하나님은 사무엘을 베들레헴으로 보내셨습니다. 이새의 아들 중에서 한 왕을 보았다고 하셨습니다. 베들레헴에 도착한 사무엘은 이새와 아들들을 제사에 초청했습니다. 그때 엘리압을 본 사무엘은 '여호와께서 기름 부으실 자가 과연 주님 앞에 있도다.'라고 생각했습니다. 처음 사울에게 왕의 기름을 부을 때 사울의 용모와 신장을 본 경험이 있었기 때문입니다.

그러나 하나님은 이미 엘리압을 버렸다고 하셨습니다. 7명의 아들이 사무엘 앞을 지나갔지만, 하나님이 택한 사람은 없었습니다. 사무엘과 같은 선지자도 하나님 앞에서 실수할 수 있는 것이 바로 경험입니다.

사무엘은 자신이 기름 부은 사울이 왜 실패했는지 너무나 잘 알고 있었습니다. 하나님은 사울에게 "지금 가서 아말렉과 그 모든 소유를 남기지 말고 진멸하라!"고 하셨습니다. 사울은 아말렉 왕 아각을 사로잡고 승리했습니다. 그러나 양과 소의 좋은 것과 기름진 것과 어린 양과 모든 좋은 것을 남겼습니다.

사울을 만난 사무엘은 자기 귀에 들리는 양과 소의 소리가 어찌된 것인지를 물었습니다. 이때 사울은 백성이 하나님께 제사하려고 남겼다고 했습니다. 사무엘은 여호와께서 번제와 다른 제사보다 순종을 더 좋아하신다고 했습니다. 이에 사울은 자신이 백성을 두려워했고 그들의 말을 들었다고 고백했습니다.

하나님 앞에서 사람의 경험과 두려움은 무의미할 뿐입니다. 하나님은 새 길을 여시는 전능하신 분이시기 때문입니다.

하나님은 사람을 배제하고 일방적으로 일하지 않으십니다. 하나님의 역사는 시간 속에서 그냥 주어지는 것이 아닙니다. 하나님은 자신의 계획과 자녀의 기도와 자녀의 순종과 자신의 임재를 통해 역사하십니다. 우리의 기도와 순종이 없다면 하나님의 역사는 누군가의 순종이 있을 때까지 지연될 수밖에 없습니다.

상 태

"너는 나를 가짜라고 하지 않았니?"

평소 기도시간과는 달리 무엇인가 이상한 느낌이 들었습니다. 기다려도 응답이 없었습니다. 하나님은 침묵하셨고 저는 너무나 답답했습니다. 다음 날도 마찬가지였습니다. 그다음 날도 여전했습니다. 하나님의 침묵은 불편할 뿐만 아니라 온 세상이 찍어 누르는 것처럼 질식할 것 같은 무거움으로 다가왔습니다. 그러다 며칠이 지난 후 드디어 침묵을 깨고 말씀하셨습니다.

"너는 나를 가짜라고 하지 않았니?"

장난치는 듯한 음성이었지만 무게감은 엄청났습니다. "아니 제가 언제 가짜라고 했습니까?"라고 하자, 초등학교 5학년 때의 일을 보여주셨습니다. 당시 저는 부모님을 따라 열심히 절에 다니던 때였습니다.

수업을 마치고 하교하는 길에 동갑내기 6촌 동생과 대화하는 장면이었습니다. 유치원 때부터 교회를 다니던 동생이 "형! 나랑

같이 교회 다니자."고 했습니다. 그때 저는 "네가 믿는 하나님은 가짜다. 부처님이 진짜다. 그래서 절에 가면 밥도 더 맛있다."고 말했었습니다.

어머니 태에서부터 절에 다닌 저는 주지승 방에서 불경을 뒤적이고, 대웅전에서 잠을 자고, 부엌에서 누룽지를 긁어먹고 불장난을 했었습니다. 우상숭배와 관련해서 많은 회개를 했지만, 이 말은 까맣게 잊고 있었습니다. 저는 잊고 있었지만, 저를 사용하길 원하시는 하나님은 수십 년이 넘는 시간 동안 제가 깨닫고 회개하기를 기다리고 계셨습니다.

혀 - 성도의 권세

우리는 말소리가 눈이 보이지 않는다는 이유로 말을 함부로 하는 경향이 있습니다. 사실 우리가 조심히 다루어야 할 것이 많지만, 혀는 특별히 조심히 다루어야 합니다.

> 죽고 사는 것이 혀의 권세에 달렸나니 혀를 쓰기 좋아하는 자는 그 열매를 먹으리라 잠 18:21.

사람의 생사가 자기 혀에 달려있습니다. 우리는 정작 자신이 가진 혀의 권세를 모를 때가 많습니다. 자신이 가진 혀의 용도가 무엇인지 모르니 혀를 제대로 사용할 수 없습니다. 가진 것의 용도를 모르면 그것은 언제든 남용되거나 흉기가 될 수 있습니다. 혀가 흉기가 되는 이유는 마음에 가득한 것의 정체가 입을 통해 드러나기 때문입니다.

하나님은 말씀으로 만물을 창조하셨습니다. 흙으로 사람을 지으시고 생기를 코에 불어넣어 사람이 생령이 되게 하셨습니다. 그리고 할 일을 말씀하셨습니다.

> … 생육하고 번성하여 땅에 충만하라 땅을 정복하라 바다의 물고기와 하늘의 새와 땅에 움직이는 모든 생물을 다스리라 하시니라 창 1:28.

바다의 물고기와 하늘의 새와 땅에 움직이는 모든 생물을 무엇으로 어떻게 다스릴 수 있었겠습니까? 바로 말입니다. 하나님의 말씀으로 창조된 모든 것은 하나님의 형상을 가진 사람의 말에 반응하고 복종합니다. 우리가 말로써 하는 기도가 하나님 앞에서 귀하고, 또 하나님께서 마음을 움직이시는 것은 우리가 이 권세를 가지고 형상의 주인이신 하나님께 겸손히 탄원하는 것이기 때문입니다.

선지자 요나는 니느웨로 가라는 하나님의 말씀을 들은 후 자신에게 말씀하시는 하나님의 얼굴을 피하여 다시스로 도망갔습니다. 바로 자기 안의 죄가 하나님의 거룩한 임재를 감당할 수 없었기 때문입니다.

그는 자신의 외침으로 회개하고 하나님께 돌아온 니느웨를 용서하시는 하나님께 분노했습니다. 그러면서 자신은 죽겠다고 했습니다.

> 여호와여 원하건대 이제 내 생명을 거두어 가소서 사는 것보

다 죽는 것이 내게 나음이니이다 하니 욘 4:3.

요나의 사역은 '거기까지'였습니다. 하나님은 요나를 통하여 긍휼을 보이셨습니다. 긍휼의 대상은 회개한 니느웨였습니다. 요나는 다만 하나님의 종이었습니다. 우리가 이 사실을 놓치면 하나님께서 주신 권세로 하나님의 자리를 넘보려는 교만한 자가 될 수 있습니다.

말 - 쌍날 검

정말 교만하고 어리석은 말이 죽고 싶다는 말과 이웃을 비난하고 저주하는 말입니다. 사람은 모두 말의 열매를 먹으면서 살아갑니다. 부정적인 말은 긍정적인 말보다 4배 이상의 힘을 더 가지고 있습니다. 생각을 고치기 전에는 말이 고쳐지지 않고, 말을 고치기 전에는 삶의 형편이 바뀌지 않습니다.

말에는 만물을 다스릴 권세와 능력이 있습니다. 이 권세와 능력은 일차적으로 겸손히 하나님의 뜻을 묻는데 사용되어야 합니다.

말은 만물을 다스릴 권세일 뿐만 아니라 영혼의 그물과도 같아서 자신과 이웃을 결박하기도 합니다. 그래서 우리에게는 자신과 이웃에 대해 경우에 맞는 말만 할 수 있는 지혜가 필요합니다.

꿈과 환상과 음성으로 이웃에 대하여 보고 들었다고 해서 함부로 말하는 일이 없어야 합니다. 마음에 품고 기도할 의무가 하나 더 주어졌을 뿐입니다. 아무리 옳은 말이라도 하나님의 때에 맞지 않은 말은 가시처럼 이웃을 찌르고 독처럼 이웃을 말살시킬 수 있습니다.

우리가 이웃에 대하여 침묵해야 하는 이유는 그가 우리 눈앞에서 보인 말과 행동은 그의 삶의 일부분일 뿐이기 때문입니다. 우리가 보지 못한 부분이 훨씬 더 많고, 또 그를 향한 하나님의 부르심이 무엇인지 알지 못하기 때문입니다. 그래서 우리에게는 맞는 말을 하는 담대함이 아니라 경우에 맞는 말을 할 수 있는 지혜와 절제가 필요합니다.

이웃을 향한 지나친 열심이 오히려 이웃을 낙심하게 하거나 자신을 교만하게 할 수 있습니다. 전하라는 말씀이 있기 전까지 우리가 보고 들은 것은, 그것이 무엇이든 우리에게 기도할 의무를 부여할 뿐입니다.

우리는 이웃이 당면한 문제를 통과하기까지, 또 하나님께서 다른 이웃을 위한 소명을 주실 때까지 사람 앞에서 침묵하며 하나님 앞에서 입을 열뿐입니다.

하나님께서 이웃에 대하여 보여주시고 말씀하신 것은 우리의 기도가 필요하고, 또 들으시겠다는 전제가 있으시기 때문입니다. 그래서 우리의 기도는 이웃에 대하여 원수가 하려는 일을 결박하고 하나님의 천사에게 힘을 부여합니다. 그래서 하나님은 우리의 기도를 기다리시며, 천사들도 우리의 기도에 대기하고 있습니다.

사탄은 자신을 추종하는 천사 3분의 1을 동원하여 하나님을 대항했던 타락한 천사장입니다. 그는 자신의 능력으로는 하나님을 대항하기에 턱없이 부족하다는 것을 알게 되었습니다. 다시 하나님께 대항하기 위해 자신의 부족한 능력을 채울 방법을 찾을 때 눈에 보인 것은, 하나님의 형상을 가진 사람이었습니다. 사람 안에는 만물을 정복하고 다스릴 능력과 권세가 있었기 때문입니다.

한때 우리는 사탄의 종으로써 하나님의 존재를 부인하거나 자신의 편견과 오염된 안목으로 하나님을 판단했습니다. 바로 사탄이 원하던 그 일을 했습니다. 그러나 이제는 하나님이 우리의 주인이시며 모든 사람에게 존재 이유와 소유한 능력과 이루어야 할 부르심이 있다는 것을 알고 있습니다. 우리가 가진 말의 능력은 바로 그 일을 위해 겸손히 사용되어야 합니다.

모든 일에는 하나님께서 정하신 때가 있습니다. 아무리 좋은 일이라도 함부로 발설하는 실수를 범하지 않아야 합니다.

> 이때로부터 예수 그리스도께서 자기가 예루살렘에 올라가 장로들과 대제사장들과 서기관들에게 많은 고난을 받고 죽임을 당하고 제삼일에 살아나야 할 것을 제자들에게 비로소 가르치시니 마 16:21.

우리는 하나님의 어떤 말씀에도 심지가 흔들리지 않아야 합니다. 고난이라는 폭풍만이 우리를 흔드는 것이 아닙니다. 하나님의 의가 아닌 자기 의를 가지고 있다면, 하나님의 말씀 앞에서 흔들리거나, 예상치 못한 환경 앞에서 무너질 수밖에 없습니다.

말은 마치 쌍날 검과 같습니다. 제대로 사용하면 자신과 이웃을 동시에 살릴 수 있는 무기가 됩니다. 그러나 잘못 사용하면 도리어 자신과 이웃을 동시에 죽일 수 있는 흉기가 됩니다.

이스라엘의 초대 왕 사울은 신정정치에서 왕정정치로 교체되는 시기에 왕좌에 올랐습니다. 왕권을 강화하고 권력을 확장하기 위해 친인척을 등용했습니다. 사촌 아브넬을 등용하고, 아들 요나단에게도 군권을 부여했습니다.

블레셋과 전쟁하는 동안 사울은 군사들에게 금식을 선포했습니다. 군사들은 피곤할 수밖에 없었습니다. 이때까지 요나단은 아버지 사울의 명령을 몰랐습니다. 그는 숲속에서 꿀을 발견하고 찍어 먹었습니다. 한 사람에게서 아버지 사울의 맹세를 전해 들은 요나단은 자신의 아버지가 땅을 곤란하게 했다고 말했습니다. 그날 다시 전쟁이 있었고 이스라엘은 승리했습니다. 이때 백성은 전리품으로 취한 짐승을 잡아 피 있는 채로 먹었습니다. 그날 밤 사울은 하나님을 위해 처음으로 단을 쌓고 기도했습니다. 그러나 하나님은 응답하지 않으셨습니다.

응답이 없는 이유를 찾던 사울은 요나단에게서 그 이유를 찾았습니다. 꿀을 조금 찍어 먹었다는 것이 그 이유였습니다. 이때 사울은 자신과 요나단에게 사형선고를 내리고 말았습니다.

사울이 가로되 요나단아 네가 반드시 죽으리라 그렇지 않으면 하나님이 내게 벌을 내리시고 또 내리시기를 원하노라

삼상 14:44.

그때 백성의 간절한 요청으로 요나단은 생명을 구했습니다. 그러나 이 일은 또다시 사울이 하나님 앞에서 벌을 받아야 할 상황에 놓이게 했습니다. 전쟁 중에 식물을 먹은 요나단이 죽어야 했고, 요나단을 살려준 사울은 벌을 받아야 했습니다. 취소하지 않은 사울의 말은 쌍날 검이 되어 사울 자신과 아들 요나단을 내리쳤습니다. 그 결과 두 사람은 길보아 산에서 같은 날, 같은 시간에 죽고 말았습니다.

조급함 - 불완전한 믿음

우리는 나름의 좋은 생각이 떠오르면 그것을 하나님의 뜻으로 생각합니다. 좋은 생각이기 때문에 하나님이 기뻐하시겠다고 스스로 결론을 내립니다. 그리고 스스로 만족하며 일을 추진합니다.

그러나 하나님은 그렇지 않으실 때가 있으십니다. 좋은 생각이더라도 하나님의 때를 벗어났다면 사탄이 공격할 틈이 되기 때문입니다. 우리의 생각이 아무리 좋더라도 하나님의 때와 맞지 않으면 그것은 오히려 자신을 죽이는 결과를 가져옵니다. 그래서 하나님의 일을 할 때는 시간의 순종, 장소의 순종, 방법의 순종, 이 세 가지가 하나가 되었을 때만 하나님의 일이 됩니다. 즉각적인 순종이 중요한 이유가 이것입니다. 그래서 순종은 가장 먼저 타이밍의 문제입니다.

사탄은 우리에게 조급함을 조장합니다. 시간 안에서 시간의 영향을 받는 우리는 조급함 때문에 원수가 던진 미끼를 물 때가 많습니다. 하나님은 시간을 만드시고, 시간의 경계 밖에 계신 분이라는 사실을 안다면 조급할 필요가 없습니다. 하나님의 시간에,

하나님의 장소에서, 하나님의 방법이 아니면 우리가 하는 일은 언제든지 모세의 주먹이 될 수 있고, 이스마엘이 될 수 있습니다.

하나님은 자기 백성을 애굽의 억압과 착취로부터 구원하기 위해 모세를 준비하셨습니다. 그러나 모세는 자기 동족을 괴롭히는 애굽사람을 죽여 모래에 감추었습니다. 그 일은 이튿날 탄로가 났고 모세는 도망자가 되었습니다. 하나님은 이스라엘을 애굽의 고역에서 400년 만에 이끌어 내실 계획이셨습니다. 모세가 조급하게 자신의 주먹을 휘두르지 않았습니다면 출애굽은 정해진 시간에 진행될 수 있었습니다. 백성의 노역이 30년간 더 연장되지 않을 수도 있었습니다. 바로가 그토록 악착같이 붙잡고 늘어지지 않을 수도 있었습니다. 우리의 조급함은 하나님의 계획과 항상 충돌합니다.

조급함이 원수의 통로가 되는 것은 아브람을 통해서도 알 수 있습니다. 하나님은 아브람에게 아들을 약속하셨습니다. 그러나 시간을 정하지는 않으셨습니다. 하나님으로부터 약속을 받은 지 10년이 되었고, 나이가 85세라는 것은 아브람이 조바심을 느끼기에 충분했습니다. 동생의 아들 롯은 이미 장성했고 가정을 꾸리고 자기 기업을 키워나가고 있었습니다. 우리가 그 상황이었어도 마음이 조급했을 것입니다.

하나님께서 아브람과 사래에게 아들을 주시기로 정해 놓으신 때는 아브람이 스스로 항복하는 때였습니다. 아브람은 그때를 기다린 것이 아니라 자신의 힘으로 해결하고자 했습니다. 아내 사래의 말을 듣고 여종 하갈을 취해 아들 이스마엘을 낳았습니다. 그러나 이스마엘은 하나님께서 예정하셨던 아들이 아니었습니다. 그는 하갈이 자유하는 여인이 아니라 주인의 종이라는 법적인 속박상태에서 출생했기 때문입니다.17) 그리고 13년이 지난 후 하나님은 예정하셨던 아들 이삭을 약속하셨습니다. 이삭은 하나님께서 준비하신 약속의 씨였습니다.

> 또한 아브라함의 씨가 다 그의 자녀가 아니라 오직 이삭으로부터 난 자라야 네 씨라 부르리라 하셨으니 곧 육신의 자녀가 하나님의 자녀가 아니요 오직 약속의 자녀가 씨로 여기심을 받느니라 롬 9:7-8.

그 결과 자유하는 여자에게서 태어난 이삭의 후손과 주인의 종에게서 태어난 이스마엘의 후손이 지금까지 충돌하고 있습니다. 이스라엘의 원수를 만들어 낸 것은 자신들의 뿌리 아브람이었습니다. 아브람의 조급함이 약속의 씨 이삭을 희롱하는 이스마엘을 만들었기 때문입니다.

마찬가지로 이삭 역시 조급함 때문에 아들을 위기에 빠뜨렸습니다. 이삭은 자신이 아직도 살아갈 날이 50년이나 남아 있었지만, 에서에게 장자의 권한을 물려주려 했습니다. 흉년의 때에 농사하여 100배를 거두었던 이삭은 요셉이 애굽에서 총리가 되던 해에

죽었습니다. 그다음 해부터 애굽에 7년 풍년이 시작되었습니다.

이렇듯 자신이 살아갈 날이 많았지만, 이삭의 조급함은 형제를 분리시켰습니다. 먼저 태어난 에서가 하나님께서 사랑하는 야곱을 죽이려는 일이 벌어졌습니다. 더불어 에서는 들사람이었습니다. 동서남북 어디든 마음대로 돌아다니는 겉사람이었습니다. 반대로 야곱은 장막에 머무는 속사람이었습니다. 이삭이 에서를 좋아하는 이유는 에서가 맏아들이어서가 아니라 사냥한 고기를 좋아했기 때문이었습니다. 이삭은 하나님이 에서보다 야곱을 사랑하시고 더 강하게 하실 것이라는 말씀을 이미 들은 상태였습니다. 그럼에도 하나님의 예정과 말씀보다는 자기 입맛을 따랐습니다. 그 결과 에서는 동생 야곱을 죽이려 했고, 야곱은 20년 동안 형 에서를 피해 있어야 했습니다. 조급함은 자신에 대한 불완전한 믿음과 상대에 대한 불신에서 나오는 두려움의 결과물입니다. 이런 조급함이 불순종을 낳습니다.

하나님을 가까이하는 사람은 가까이하는 만큼 의무도 감당해야 합니다. 하나님께서 우리와 함께 하시는 것도 우리가 동의할 때 함께 하십니다. 어느 장소, 어느 시간이든 상관없이 함께 하십니다. 한밤중에도, 이른 새벽에도 함께 하십니다. 왕궁에서도, 감옥에서도 함께 하십니다.

우리의 절박함이 하나님을 찾고 동의하게 합니다. 함께 하시는 하나님 앞에서 우리는 삼가 말을 조심하고 조급함을 버려야 합니다. 이 둘은 자신의 자아를 숨기고 합리화하는 도구이기 때문입니다.

상태 조급함-불완전한 믿음

자아가 죽은 자라야 불사조 생명을 얻는다.
-A.W. 토저-

자 아

"시편에 너의 이름을 넣어서 읽어라!
그러면 좋은 일이 있을 것이다."

처리해야 할 일들이 겹겹이 쌓여 있었습니다. 어디서부터 어떻게 손을 대야 할지 난감한 일들이 눈앞에 연이어 펼쳐졌습니다. 그런데 한 달 일정으로 출국을 해야만 했습니다. 출국하지 않으면 안 될 상황으로 몰아가셨습니다. 거부할 수 없는 압력이었습니다.

현지에 도착했을 때 분노가 치밀어 올랐습니다. 출국 전에 처리하지 못한 일들과 가족에 대한 걱정에 그 어떤 것도 할 수 없었습니다. 분노로 일그러지고 경직된 표정을 느낄 수 있을 정도였습니다.

3일 동안 제대로 된 것은 아무것도 할 수 없었습니다. 예배 자체도 짜증스러웠습니다. 분노가 먹는 것과 잠자는 것조차 거부했습니다. 인상을 쓰고 한숨을 쉬고 불평을 쏟으며 3일을 보냈습니다.

다음날도 거실 소파 앞에 누워 씩씩거리다가 인기척에 눈을 떴습니다. 오른쪽 머리맡에 주님이 서 계셨습니다. 흰색의 긴 튜닉 같은 옷을 입으시고 편안한 표정으로 내려다보고 계셨습니다. 주님을 보고도 대수롭지 않은 듯 분노를 머금은 채 천정으로 시선을 돌렸습니다. 몇십 초의 침묵이 흘렀습니다. 그리고 주님께서 먼저 말씀하셨습니다.

"많이 힘들지?"

참 다정하고 온화한 음성이었습니다. 어떤 투정과 억지도 받아주시는 마음이 느껴졌습니다. 동시에 위로가 마음에 스며드는 듯했습니다.

"휴우~ 예! 미치도록 힘듭니다."

"시편에 너의 이름을 넣어서 읽어라!
그러면 좋은 일이 있을 것이다."

눈을 감고 생각했습니다. '여기 일정이 이미 빠듯하게 다 채워져 있는데, 좋은 일이 있을 것이 없는데' 하면서 다시 눈을 뜨니 주님은 보이지 않으셨습니다. '그래! 그렇게 해보자. 하라고 하시는 대로 했는데 좋은 일이 없으면 그때 다시 따지면 된다.'는 교만한 생각까지 했습니다.

그날 밤부터 틈틈이 시편에 저의 이름을 넣었습니다. 다음 날부터는 시편에 저의 이름을 넣어 타이핑을 쳤습니다.

그날로부터 20여 일 동안 틈날 때마다 타이핑을 치면서 기도했습니다. 그러던 어느 날, 기도하는 저의 소리에 제가 놀랐습니다. 비몽사몽간에 기도하다가 어느 순간 저의 기도 소리가 제 귀에 들렸는데, 그것은 기도가 아니라 주님을 향한 원망과 불평과 저주

였기 때문입니다. 주님을 향하여 육두문자를 내뱉고 있었습니다.

　감히 상상도 할 수 없는 일을 저지른 것입니다. 그동안 저의 모습은 위장된 경건의 허울을 쓰고 있었다는 생각이 들었습니다. 내친김에 남은 찌꺼기까지 쏟아내야겠다고 생각했습니다. 혹여 누군가가 들을까 싶어서 밖으로 나갔습니다. 주님께 쌓인 감정과 원망을 쏟아내면서 걸었습니다. 30분가량 걷다가 숲속에 있는 잔디밭을 발견했습니다. 족히 축구장 3-4배는 될 정도로 큰 잔디밭이었고 가운데 정자가 있었습니다. 공원인 듯했지만, 따뜻한 오후 시간인데도 주변에 사람은 보이지 않았습니다. 정자에 앉아 계속 불평을 쏟아 내었습니다. 싸움하듯 소리를 질렀고, 한번도 사용한 적이 없는 욕설이 입에서 튀어나왔습니다. 그렇게 한참을 쏟아낸 후에야 속이 시원해지는 것을 느낄 수 있었습니다.

　그렇게 그날이 지나가고 다음 날, 예정에 없는 집회가 추가되었습니다. 예배가 시작하자마자 저는 앞으로 고꾸라졌습니다. 곁에 있던 사람들의 웅성거리는 듯한 소리가 들렸습니다. 일어나려고 해도 몸이 쇳덩어리처럼 굳어 바닥에 붙어 있었습니다. 저의 의지로는 손가락 하나 움직일 수 없었습니다. 저의 몸인데 저의 의지대로 되지 않았습니다. 그러다가 20여 일 전에 주님께서 하신 말씀이 생각났습니다.

　　　　"시편에 너의 이름을 넣어서 읽어라!
　　　　그러면 좋은 일이 있을 것이다."

'어쩌면 이것이 그때 말씀하신 좋은 일일수도 있겠다.'라는 생각이 들었습니다. 그리고 억지로 움직이거나 일어나려는 생각을 접고 몸의 힘을 뺐습니다. 그리고 가만히 엎드려 있었습니다. 여전히 사람들은 웅성거렸지만 무슨 말인지 알아들을 수는 없었습니다. 눈은 감은 채 5분 정도의 시간이 지나자 엎드려 있던 바닥이 갈라지는 것이 보였습니다. 그리고 몸이 땅속 깊은 곳으로 내려갔습니다. 좌우편으로 갈라진 땅의 단면이 보였습니다. 온몸에 한기가 느껴졌습니다. 그런데 몸이 진짜 가볍다는 생각이 들었습니다. '이러다가 땅이 닫히면 어떡하지?'라고 생각했습니다. 그래도 몸은 계속 내려갔습니다. 어느 듯 한기는 열기로 바뀌었습니다. 몸이 불덩이처럼 뜨거워졌습니다. 그때 몸이 다시 땅 위로 올라갔습니다. 바닥까지 올라왔다고 생각되는 순간 땅이 닫히고 저는 자리에서 일어날 수 있었습니다. 그때 주님께서 말씀하셨습니다.

"*내가 너를 기다리고 있었느니라.*"

주님은 저의 일그러진 자아와 숨겨진 찌꺼기를 드러내고 토해내길 기다리고 계셨던 것입니다.

그때까지 저는 목사로서 나름의 목회를 하고 있었지만, 제가 원하는 것을 제 마음대로, 저의 편리대로, 저의 방식대로 하고자 했습니다. 저의 상황이 안 되고 마음이 불편하다는 것 때문에 말씀에 대한 순종보다는 저의 개인적 이익과 편리함과 욕망을 추구했습니다. 그리고 저의 뜻을 관철시키려고 억지 기도를 했습니다. 자아가 강할수록 하나님 앞에서 저의 주장은 더 강해졌습니다.

뭔가에 하나 꽂히면 끝장을 보는 저였습니다. '독종'이라는 말을 수시로 듣는 저였습니다. 그런상태로 목사 안수를 받았고 시간이 흐르면서 하나님의 말씀에 대한 갈망은 점점 사라지고, 타협 없이 저의 뜻만 요구하고 매달리고 있었습니다. '워치만 니(Watchman Lee, 1903-1972)'의 말처럼 자아는 언제나 하나님의 뜻과 상관없이 독립적으로 활동하기 때문입니다.[18]

저의 자아는 아담과 하와가 타락할 때에 높아진 혼에 저의 상처와 원한과 우상숭배와 의가 함께 굳어진 것이었습니다. 하나님은 결코 자아를 축복하지 않으십니다. 함께 하지도 않으십니다. 그러한 자아는 사람의 물리적인 방법으로는 무너뜨릴 수 없습니다. 오직 하나님의 영에 전적으로 항복하고 의지하고 받아들일 때 가능합니다.

은혜의 시작 - 기경하기

하나님은 모든 사람에게 각기 다른 독특한 은혜를 주십니다. 하나님의 은혜는 우리의 상황은 고려하되 한계는 정하지 않습니다. 그리고 각자 처한 상황에 따라 모양을 달리합니다. 은혜의 의미는 '품다 혹은 에워싸다. 기뻐하다. 즐기다.' 입니다. 그러나 이것은 결과론적인 부분입니다. 은혜의 가장 기초는 갈아 엎는데 있습니다. 씨를 뿌릴 수 있게 옥토밭을 갈아 엎는 것이 은혜이고, 가시밭은 가시를 뽑고 갈아 엎는 것이 은혜이고, 돌밭은 돌을 골라내고 갈아 엎는 것이 은혜이고, 단단한 길가밭은 갈아엎고 곰방메로 부드럽게 깨뜨리는 것이 은혜입니다. 100배, 60배, 30배의 결과는 밭을 어떻게 하느냐에 따라 달라집니다. 옥토밭의 결과물이 100배라면, 가시밭과 돌밭과 길처럼 단단한 밭을 가꾸고 일군 사람은 상대적으로 더 많은 수확을 할 수 있습니다. 이것이 바로 은혜입니다. 은혜는 우리가 할 일을 대신하는 것이 아니라 우리가 마땅히 할 일을 할 수 있도록 이끌어 줍니다.

하나님은 "묵은 땅을 기경하라."고 하십니다. 오래도록 방치해 놓은 땅, 온갖 가라지가 자라는 땅, 할퀴고 밟혀서 상처 입은 땅, 바로 우리의 혼입니다. 우리는 마음 밭에 뿌려진 가라지가 무엇인지 하나님께 물어야 합니다. 가라지는 덮어두는 것이 아니라 정체가 드러나도록 하늘의 비를 구해야 합니다. 우리에게는 부모로부터 유전된 묵은 밭이 있습니다. 숨겨진 죄와 상처, 붙잡고 있던 자기 의와 탐욕을 통하여 굳어진 견고한 밭이 있습니다.

우리가 은혜의 개념을 놓치면 밭을 기경할 생각은 하지 않고 씨를 뿌리기도 전에 열매부터 찾습니다. 은혜의 이유와 용도를 모르기 때문입니다. 하나님은 분명 밭을 기경하고 씨앗을 뿌릴 것을 말씀하십니다. 그것이 쉽지 않기 때문에 시편 기자는 눈물을 흘리며 씨를 뿌린다고 했습니다.

> 눈물을 흘리며 씨를 뿌리는 자는 기쁨으로 거두리로다 울며 씨를 뿌리러 나가는 자는 반드시 기쁨으로 그 곡식 단을 가지고 돌아오리라 시 126:5-6.

다윗은 천만 악이 자기를 둘러치고 있다고 했습니다. 무너지지 않은 혼의 영역에는 천만 악이 자리 잡고 있습니다. 천만 악이 둘러치고 있다는 것은 영이 그만큼 강한 용사라는 뜻입니다. 사탄이 그만큼 긴장하고 있다는 증거입니다.

우리가 회복되면 하나님 앞에서 제대로 쓰임 받을 것을 사탄은 이미 알고 있습니다. 또 감당할 시험을 허락하시는 하나님은 이미 우리 안에 천만 악을 깨뜨릴 권세를 심어 놓으셨습니다. 우리는 그 보화를 발견하고 키워나가야 합니다.

인격적으로 다가오시는 하나님은 우리의 마음 문을 함부로 열고 들어오지 않으십니다. 담장을 넘지도 않으십니다. 우리가 문을 열어줄 때만 들어오십니다. 그리고 생각을 바꾸도록 말씀하시고 인내 가운데 기다리십니다.

가나안 7족속 - 가라지들

하나님은 애굽에서 종으로 길들여졌던 이스라엘을 인도해 내셨습니다. 그리고 가나안으로 가는 여정과 정복 전쟁을 통해 사람 안의 악을 보게 하셨습니다. 숨어있던 악의 정체를 드러내셨습니다.

약속의 자녀와 육신의 자녀에게서 난 자의 싸움은 가나안에 들어간 후 본격화되었습니다. 가나안 정복 전쟁은 바로 우리 안에 숨어있는 악과의 전쟁이었습니다.

당시 가나안에 살던 이들을 면밀히 살펴보면 모두 하나같이 우리 안에 숨겨진 악들입니다. 가나안에는 대표적으로 일곱 족속이 살고 있었습니다. 헷 족속은 '두려움' 입니다. 기르가스 족속은 고결함을 상실한 '비천함' 입니다. 아모리 족속은 '교만' 입니다. 가나안 족속은 '탐욕과 가난' 입니다. 브리스 족속은 보호의 벽이 무너진 '약탈' 입니다. 히위 족속은 '거짓 혹은 왜곡' 입니다. 여부스 족속은 '짓밟힘 또는 거절' 입니다.19) 이 모든 것은 하나님의 성품과 반대되는 것들입니다. 우리가 싫어하고 경험하고 싶지 않은 악들입니다. 그런데 이 모든 것이 우리 안에 들어 있습니다.

그 말이 좋을지라도 믿지 말 것은 그 마음에 일곱 가지 가증한 것이 있음이라 잠 26:25.

여리고의 무너진 성벽을 넘어 하나님의 성품과 반대되는 가나안 족속을 정복하고 땅을 분배하기까지 16년이 걸렸습니다.
본성은 결코 순종적이지 않습니다. 거룩함이나 정결함보다는 죄와 악을 더 많이 품고 있습니다. 그래서 예수님은 사람 안에서 나오는 것이 사람을 더럽게 한다고 하셨습니다.

자기만족

가나안에 정착한 이스라엘은 약 340년간의 사사시대를 거쳤습니다. 평안할 때면 하나님 앞에서 악을 행했습니다. 하나님은 주변의 나라를 동원하여 이스라엘에게 회개의 기회를 주셨습니다. 이스라엘 주변의 나라들은 이스라엘을 위한 하나님의 도구였습니다. 그러나 이스라엘에게 있어서 주변 나라들은 자기들을 침략하고 억압하는 원수에 불과했습니다. 이스라엘은 주변 나라들과 대항하기 위해 그들처럼 왕을 세우고자 했습니다. 하나님의 말씀을 벗어나 자기들 마음대로 살기 위해서였습니다.

여호와께서 사무엘에게 이르시되 백성이 네게 한 말을 다 들으라 이는 그들이 너를 버림이 아니요 나를 버려 자기들의 왕이 되지 못하게 함이니라 삼상 8:8.

사무엘이 왕을 요구하는 백성을 모으고 하나님의 모든 말씀을 전했지만, 그들은 듣지 않았습니다.

> 백성이 사무엘의 말 듣기를 거절하여 이르되 아니로소이다 우리도 우리 왕이 있어야 하리니 삼상 8:19.

사실 하나님은 이미 오래전에 유다의 후손 가운데서 이스라엘에 왕을 세우실 것을 말씀하셨습니다. 문제는 하나님께서 정하신 때가 되기 전, 왕의 자질을 갖춘 이가 준비될 때까지 백성이 기다리지 못한 것입니다.

> 규가 유다를 떠나지 아니하며 통치자의 지팡이가 그 발 사이에서 떠나지 아니하기를 실로가 오시기까지 이르리니 그에게 모든 백성이 복종하리로다 창 49:10.

우리는 하나님의 예정의 때를 다 알지 못하고 기다리지 못합니다. 하나님은 시간의 경계 밖에 계셔서 시간의 구애를 받지 않으십니다. 그러나 우리는 시간의 경계 안에서 자신의 한계를 느끼며 살아갑니다. 그 결과 조급함에 쫓길 때가 있습니다. 성경에서 사람의 조급함이 하나님의 일을 방해한 일을 종종 발견할 수 있습니다. 하나님의 예정과 말씀을 의지하기보다 자기만족을 위한 자아가 앞서 있었기 때문입니다.

하나님을 믿고 또 인정을 받는다고 해서 자아의 문제가 저절로 해결되지 않습니다. 문제를 알고 제거해 주시기를 구하며 스스로 싸워야 합니다. 우리 안에 숨겨진 악의 문제는 하나님의 홀로 사역이 아닙니다. 우리만의 사역도 아닙니다. 하나님과 우리의 공동사역입니다.

교만과 두려움

"선은 최선의 적이다."는 말이 있습니다. 자신이 옳다고 붙잡고 있는 바로 그것이 하나님께로 나아가는 길을 가로막습니다. 하나님께서 사울 왕에게 멸하라고 하신 아말렉은 자기의 생각을 최우선에 두고 자신의 행위를 그럴듯하게 합리화합니다. 그리고 상대의 약점을 들추어냅니다.

사울은 아말렉의 좋은 것은 살리고 가치 없는 것은 진멸했습니다. 사울은 가장 좋은 것을 하나님께 제사하려고 남겼습니다. 여기에 사울의 이성적 판단과 의지가 나타납니다. 이성의 눈으로 볼 때 사울이 한 일은 너무나 당연한 처사였습니다. 군사 210,000명을 하나로 연합시켰습니다. 전쟁을 이겼고 기념비를 세웠습니다. 하나님께 제사하며 안식을 누렸습니다. 그러나 그 배후에는 높아지려는 마음과 두려움이라는 감정의 문제가 숨어 있었습니다.

사울이 사무엘에게 이르되 내가 범죄하였나이다 내가 여호와의 명령과 당신의 말씀을 어긴 것은 내가 백성을 두려워하여 그들의 말을 청종하였음이니이다 삼상 15:24.

하나님께서 세운 사울 왕을 실패자로 만든 것은 사울 안에 있던 높아지려는 마음과 두려움이었습니다. 하와는 선악과를 먹으면 하나님과 같이 된다는 뱀의 말에 속아 선악과를 먹은 후 아담에게도 먹게 했습니다. 가장 먼저 그들에게 나타난 현상은 벗은 것에 대한 두려움이었습니다.

감정은 결코 문제를 자기 탓으로 인정하지 않습니다. 이성의 논리를 사용하여 상대를 탓하고 끊임없이 자신을 합리화합니다. 사울은 자신이 불순종한 이유가 백성 때문이라고 했습니다. 그러면서 백성은 하나님께 제사하려고 했다면서 백성을 변호했습니다. 아담은 자신이 불순종인 이유가 "하나님이 주셔서 나와 함께 하게 하신 여자 그" 때문이라고 했습니다. 사울이나 아담이나 그들의 말의 최종 결론은 하나님 때문이었습니다.

또 우리가 선하다고 생각하는 것들이 하나님 앞에서는 악이 될 수 있습니다. 바로 하나님께 제사하려고 아말렉의 소와 양의 가장 좋은 것을 남긴 사울의 경우라 하겠습니다. 반대로 우리가 악하다고 생각하는 것들이 하나님 앞에서는 선이 될 수 있습니다. 이스라엘을 침략하고 괴롭히는 아람 사람 나아만의 집에 포로로 잡혀간 여종이 나아만을 살리기 위해 주인에게 조언한 경우라 하겠습니다.

　하나님께 순종하려는 사람은 복종할 줄도 알아야 합니다. 순종은 행위의 문제이고 복종은 태도의 문제입니다. 우리가 원하는 일이 아니라 하나님께서 원하시는 일을 위해 마음뿐 아니라 눈빛 하나, 손놀림 하나까지 다 바꾸어야 합니다. 바꾸지 않는다면 결코 거룩하신 하나님 앞에 설 수 없습니다. 반대로 자기를 포기하고 바꾼 자가 하나님께 복종할 수 있고 순종할 수 있고 하나님 앞에 설 수 있습니다.

양보 없는 전쟁

다윗이 그 고한 소년에게 묻되 너는 어디 사람이냐 대답하되 나는 아말렉 사람, 곧 외국인의 아들이니이다 다윗이 저에게 이르되 네가 어찌하여 손을 들어 여호와의 기름 부음 받은 자 죽이기를 두려워하지 아니하였느냐 하고 삼하 1:13-14.

사울의 마지막 숨을 끊은 사람은 바로 하나님께서 사울에게 모든 것을 진멸하라고 하셨던 아말렉족속의 소년이었습니다. 아말렉을 살려준 자가 13년 후 아말렉에 의하여 목숨을 잃었습니다. 이처럼 거역과 불순종은 하나님의 축복을 중단시키고, 그 죄의 대가는 반드시 치르게 됩니다.

사울이 처리하지 못한 아말렉이라는 자아의 문제는 사울이 죽은 후, 왕국시대와 분열왕국시대를 거쳐 바벨론에서 다시 이스라엘을 위협했습니다. 그때는 바벨론에서의 1차 귀국을 통해 많은 유대인이 가나안으로 돌아간 후였습니다. 에스라를 통한 2차 귀국과

느헤미야를 통한 3차 귀국을 앞둔 시점이었습니다. 사울이 불순종한 지 약 550년이 지난 때였습니다.

사울 안에 있던 자아는 사울이 제거하지 못했을 때 가계를 타고 내려가 있었습니다. 바벨론에서 최고위직에 오른 아말렉의 왕 아각의 후손 하만은 이미 10명의 아들과 추종자들을 거느리고 있었습니다. 에스더와 모르드개는 죽음의 위기를 역전하여 아하수에로 왕의 인허를 받았고, 유다인들에게 원수와 싸우라고 했습니다. 그리고 하만의 추종자들을 모두 멸했습니다.

아말렉의 후손 하만의 흉계가 이루어졌다면 느헤미야를 통한 재건도, 에스라를 통한 개혁도 없었을 것입니다. 자아의 문제는 우리가 제거하지 않는다면 시간이 흐르고 세대가 바뀌어도 사라지지 않는다는 것을 분명히 보여줍니다.

사울이 진멸하지 못했던 아말렉의 후손이 후일 도리어 하나님의 선민을 진멸하려는 사건이었습니다. 우리의 자아 역시 지금 처리하지 않으면 마음이 지치거나 몸이 피곤할 때, 크고 중요한 일을 앞에 두었을 때 고개를 치켜들고 공격할 것입니다.

육으로 난 모든 것은 영으로 난 것을 조종하고 위협하고 죽이려 달려들 것입니다. 영으로 난 것은 육으로 난 것과 유업을 나눌 수 없습니다. 육으로 난 것은 반드시 죽어야만 합니다. 그것을 무너뜨리는 작업은 분명 쉽지 않을 것입니다.

신앙으로의 길

종교적인 사람이 되는 것은 한편으로는 참 쉽습니다. 자기 스스로 신을 선택하고 자신이 원하는 방식대로 그 앞에 절하고 섬기면 됩니다. 의사소통을 하거나 어떤 관계를 맺을 필요가 없습니다. 종교는 사람의 일방적인 행위이기 때문입니다. 일방적이기 때문에 자신을 돌아보고 복종시키지 않아도 됩니다. 쉽고 편하기 때문에 많은 사람이 종교를 찾습니다.

그러나 신앙은 쌍방의 소통입니다. 사람과 소통의 능력이 없는 하나님이라면 우리에게 무슨 소용이 있겠습니까? 하나님의 뜻을 외면하고 자기의 욕심만 채우려는 사람이 하나님께 무슨 소용이 있겠습니까? 사실 하나님과 우리는 서로를 필요로 합니다. 만물 가운데 하나님의 영광을 드러내는 것이 우리에게 달려있고, 우리의 영원과 생명이 하나님께 달려있기 때문입니다.

사실 종교와 신앙은 항상 미묘하게 자리싸움을 합니다. 자신을 주장하고 내세우려는 순간 누구든지 순식간에 종교인이 될 수 있습니다. 하나님의 인정을 받는 자녀라 할지라도 예외는 없습니다.

하나님께서 지금 이 순간 "너는 내 마음에 합한 자니라."고 하신다면 우리는 더 조심해야 합니다. 종교성은 자기중심의 생각을 놓지 못하는 자아에서 시작되기 때문입니다.

다윗은 우리보다 먼저 베들레헴의 목동으로 있을 때 이미 증인들 앞에서 이 선언을 받았습니다. 그러나 사울에게 13년을 쫓겨 다니고, 유다의 왕으로 7년 6개월을 다스리고, 이스라엘의 왕으로 기름 부음을 받았어도 자아의 문제는 해결되지 않았습니다. 그래서 법궤를 옮기는 사역을 도리어 자신의 권위를 자랑하는 기회로 삼았습니다. 법궤를 옮기는 하나님이 정하신 법이 있었지만, 다윗은 자기가 원하는 방식으로 쉽게 옮기려 했습니다. 왕이 된 자신의 권위를 드러내기 위해 30,000명의 군사를 모았습니다. 산을 오르기 위해 새로 만든 수레에 법궤를 실은 후 소가 끌도록 했습니다. 이것은 홉니와 비느하스에게서 법궤를 빼앗은 블레셋이 자신들이 믿는 신 다곤의 제사장들과 복술자들을 동원하여 만든 법궤 운송법이었습니다. 결과는 어떻게 되었습니까? 웃사가 죽고 말았습니다.

다윗의 자아에서 나온 종교성은 하나님을 움직일 수 있다고 생각했습니다. 그러나 하나님의 영광은 결코 사람이 통제할 수 없습니다. 하나님은 자신의 영광을 누구와도 나누지 않으십니다. 비록 다윗이 하나님의 마음에 합한 사람이라 할지라도 마찬가지입니다. 충격을 받은 다윗은 하던 일을 포기했습니다. 종교성은 자기가 원하는 대로 되지 않을 때 언제든 포기하거나 쉽게 끓었다가 쉽게 식고 가라앉습니다. 그러면서 자기의 정당성을 주장합니다.

그 후 오벧에돔이 복을 받았다는 소식을 들은 다윗은 다시 하나님의 궤를 옮길 준비를 했습니다. 하나님을 인간적인 방법으로 모실 수 없다는 것을 깨달은 다윗은 하나님이 정하신 법에 따라 궤를 멜 사람들을 준비했습니다. 번제에 쓸 희생제물을 준비했습니다. 오벧에돔의 집에서 다윗성까지는 학자에 따라 차이는 있지만 약 11km로 추정합니다. 성인걸음으로 3시간이면 도착할 수 있는 거리입니다. 그러나 한 번 실패한 다윗은 서두르지 않았습니다. 실패의 가장 큰 원인이 무엇인지 알았기 때문입니다.

성경은 제사장들이 법궤를 메고 6걸음을 걷고 번제를 드렸다고 기록하고 있습니다. 예컨대 오늘날 한국성인 남자의 평균 보폭은 76cm입니다. 4사람이 법궤를 메고 움직이는 보폭은 76cm를 넘을 수 없습니다. 6걸음을 걷고 제사를 드렸다는 얘기는 겨우 4m 남짓 걸은 후에 제사를 드렸다는 말이 됩니다. 11km를 가려면 몇 번의 제사를 드려야 하겠습니까? 2,750번입니다.

> 여호와의 궤를 맨 사람들이 여섯 걸음을 행하매 다윗이 소와 살진 것으로 제사를 드려 삼하 6:13

'6'은 사람의 수입니다. 여섯째 날에 창조되었기 때문입니다. 그래서 '6'은 사람의 '자아'를 상징합니다. 하나의 자아를 인정하고 제물을 잡아 제사를 드렸습니다. 또 하나의 자아를 인정하고 제물을 잡아 제사를 드렸습니다. 하루에 몇 번이나 소나 살진 것으로 제사할 수 있겠습니까?

 4m 남짓 걸은 후 짐승을 잡고 제사한다고 상상해 보십시다. 그 길은 제물의 피로 붉게 물들었습니다. 그 길을 따라 4m 간격으로 제물을 태운 흔적들이 남아 있습니다. 4m 안에서 모든 일을 다 할 수는 없습니다. 4m는 서로 연결되었습니다. 점을 연결하면 선이 되듯이 4m 간격으로 흘린 피와 드려진 번제의 흔적은 피와 재의 길이 되었습니다.

 1달 만에 그 일을 끝낼 수 있겠습니까? 그러기 위해서는 매일 낮 시간동안 91회 이상의 번제를 드려야 합니다. 1년 안에 끝낼 수 있겠습니까? 그러기 위해서는 365일 동안 매일 낮 시간동안 7,5회 이상 번제를 드려야 합니다. 1시간 반 만에 제물을 잡고 준비하고 번제로 다 태울 수 있겠습니까? 말할 것도 없이 불가능합니다.

 이른 아침 해가 뜨는 시간부터 저녁에 해가 질 때까지 차질 없이 진행된다면 많아야 3회 정도로 가정할 수 있습니다. 1년 365일 중에 안식일과 각종 절기를 제외하면 운반할 수 있는 날은 300일이 되지 않습니다. 2,750번의 제사를 하루 3회씩 지내면 900여일이 소요됩니다. 안식일과 절기를 제외한 3년의 시간이 소요된 것입니다. 모든 이스라엘 백성이 예루살렘으로 올라가는 여호와의 궤를 3년 동안 볼 수 있었습니다. 그리고 다윗은 자신이 예루살렘에서 왕으로 있던 나머지 30년 동안 자신이 친 장막에 법궤를 두어 백성이 볼 수 있도록 했습니다.

백성이 법궤를 눈으로 본 33년은 육체로 오신 예수님의 공생애 33년을 위한 청사진이었습니다. 법궤를 30년 동안 장막에 둔 것은 예수님의 30년 준비 기간의 청사진이었고, 법궤가 예루살렘으로 올라가는 3년 동안의 피와 재의 시간은 예수님이 십자가에서 피를 흘리시기 위해 3년간 사역하시고 예루살렘으로 올라가는 청사진이었습니다.

다윗은 3년간의 엎드림으로 하나님의 법궤를 장막으로 옮겼습니다. 그리고 법궤를 장막에 두고 언제든지 볼 수 있었습니다. 그럼에도 불구하고 완전히 해결할 수 없는 것이 자아였습니다. 이 일 후에 다윗이 우리아의 아내 밧세바를 범한 것을 보면 분명히 알게 됩니다.

이 땅에 오신 예수님은 3년 동안 제자들과 함께 먹고 자고 동고동락하셨습니다. 그러나 제자들의 자아의 문제는 여전히 남아 있었습니다. 제자들은 때로 예수님의 면전에서 서로 높아지려고 다투었습니다. 또 베드로는 예수님의 말씀을 정면으로 반대했습니다.

베드로가 예수를 붙들고 항변하여 이르되 주여 그리 마옵소서 이 일이 결코 주에게 미치지 아니하리이다 마 16:22.

감히 예수님의 뜻을 정면으로 반대할 수 있는 것이 사람의 생각입니다. 또 십자가의 고난을 앞에 두신 예수님은 베드로가 자신을 3번이나 부인할 것이라 말씀하셨습니다. 그때 베드로와 제자들은 주님과 함께 죽을지언정 주를 부인하지 않겠다고 했습니다. 그러나 그날 밤 모든 제자가 예수님을 버리고 도망갔습니다. 두려움이라는 자아였습니다. 혼은 우리의 감정과 지성과 의지의 총체입니다. 이것이 없는 사람은 없습니다. 이것을 마음대로 조종할 수 있는 사람도 없습니다. 다만 이것에 의해 조종당하고 지배받을 뿐입니다.

자기의 편리대로 기도하고 예배한다면 누구든지 종교적인 사람이 됩니다. 종교성의 기준은 언제나 자기자신입니다. 종교적인 사람은 영적 전쟁을 하지 않습니다. 그리고 매사를 자기중심으로 계획하고 자기 편리대로 움직이며 자신이 여전히 보잘것 없는 죄인이면서도 자신을 합리화합니다.

그러나 신앙의 사람은 자신을 향한 하나님의 계획과 뜻이 있다는 것을 압니다. 그것을 이루기 위해 자신이 부족하다는 것과 원수가 방해한다는 것을 압니다. 자기 스스로는 할 수 있는 것이 없어서 끊임없이 하나님을 찾고 방법을 묻고 함께 해주시기를 기도합니다.

바깥뜰

그곳은 거대한 「체스판」이었습니다.

마음에 원하는 것이 있었습니다. 하나님께 몇 가지를 구하다가 깜빡 잠이 들었습니다.

주님께서 아무런 표정 없이 마치 목석처럼 저를 보고 계셨습니다. 방금 기도했는데 바로 오셨다는 사실에 일단 기분 좋았습니다. 그러면서 '오늘은 왜 이렇게 굳은 얼굴로 말없이 가만 계시지?'라고 생각했습니다. 그런데 주님이 스르륵 뒤로 물러나셨습니다. 뒷걸음이 아니라 뭔가에 밀려 자리를 옮긴다는 느낌이었습니다.

'뭐지?' 하는 순간, 뒤로 물러나시던 주님이 이번에는 왼쪽(9시 방향)으로 스르륵 움직이셨습니다. '오늘 왜 이러시지?'라고 생각할 때, 주님이 서 계신 곳이 보였습니다.

그곳은 거대한 「체스판」이었습니다.

주님은 나무로 깎은 다른 체스 말들과 함께 서 계셨습니다. 엄청나게 손이 큰 두 사람이 자신들이 원하는 곳으로 이리저리 옮겼고, 많은 사람이 주변에서 응원하고 있었습니다. 주님은 마치 슬픔과 무표정을 주제로 만든 나무 조각상처럼 보였습니다.

참 세밀하신 주님을 경험한 순간이었습니다. 저의 어떤 탐욕이나 탐심에는 응답하지 않겠다는 뜻이었습니다.

바깥뜰은 누구나 갈 수 있고 볼 수 있고 머물 수 있는 곳입니다. 삶의 모든 일이 여기서 일어납니다. 사업을 하고 친구를 만나고 식사를 하고 가족 모임을 할 수 있습니다. 바깥뜰은 우리의 눈에 보이는 삶의 현장입니다. 이방인들도 누구든지 올 수 있는 곳입니다.

우리는 이곳에서 온갖 종류의 사람들을 만나고, 변화무쌍한 삶을 마주합니다. 그리고 성막을 둘러싼 세마포장을 볼 수 있습니다.

이스라엘 백성이 성막 가까이 다가가지 못하도록 모세와 아론과 그의 아들들, 그리고 고핫 자손, 게르손 자손, 므라리 자손이 성막 바깥뜰에 진을 쳤습니다. 누구든 성막에 다가가는 것은 이들에 의해 철저히 차단되었습니다.

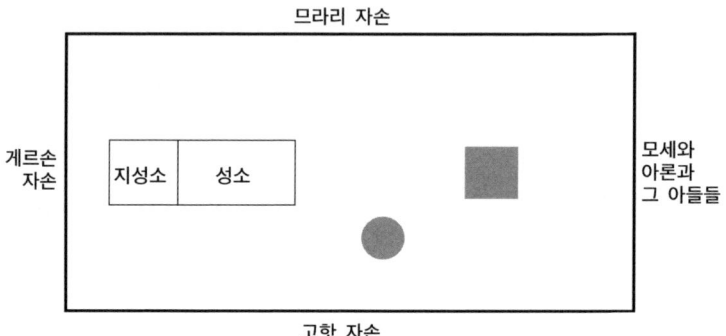

　레위의 자손들은 성막과 도구를 옮기고 다시 세우는 일을 했습니다. 그리고 이스라엘 백성이 성막 가까이 다가오지 못하게 했습니다. 이들이 바깥뜰에서 보여주는 것은 종교적 섬김입니다. 자신들이 하는 일이 거룩해 보였지만, 이들과 성막 사이에는 여전히 세마포장이 가리고 있었습니다. 세마포장은 마치 우리 몸의 피부와 같습니다. 모든 사람이 볼 수 있는 우리의 외형입니다. 모세와 아론과 그의 아들들, 그리고 고핫 자손과 게르손 자손과 므라리 자손을 통해 보이는 것은 우리의 종교적인 삶입니다.

삶의 모습

　세마포장 밖에서 볼 수 있는 레위 지파의 삶은 하나님의 백성으로서 살아가는 우리의 모습을 보여줍니다. 세마포장을 배경으로 보여지는 레위 지파의 삶은 보는 사람들의 눈에 더욱 선명하게 새겨졌습니다. 고핫의 뜻은 '연합'입니다. 게르손의 뜻은 '안식처'입니다. 므라리의 뜻은 '고통'입니다. 우리 삶의 모습이 여기에 나타납니다.

　우리도 빛으로 오신 예수 그리스도의 이름으로 세상을 살아갑니다. 우리의 말과 행동 하나하나는 세상의 눈에 너무나 명확하게 각인됩니다. 우리는 세상을 의식하지 않는 삶이 아니라 의식하면서 살아야 합니다. 세상은 역사하시는 하나님을 우리를 통해 보기 때문입니다.

　하나님은 부요한 하나님 나라를 세상에 보이길 원하십니다. 하나님은 그 일을 천사가 아니라 우리에게 맡기셨습니다. 그래서 우리는 존귀하면서 겸손하고, 부요하면서 검소하고, 사랑이 있으면서 정의로워야 합니다.

존귀와 교만을 구분해야 합니다. 검소와 가난을 혼동하지 않아야 합니다. 검소는 삶의 자세이고 가난은 삶의 형편입니다. 가난이 교만 못지않게 무서운 이유는 먹고 사는 문제 때문에 부르심을 놓치기 때문입니다. 그래서 가난을 죄라고 합니다. 우리는 부요한 자로서 검소함과 사랑과 정의를 함께 가지고 있어야 합니다.

레위인은 세마포장 가장 가까이 있었지만, 세마포장을 마음대로 넘나들 수 없었습니다. 어떤 이는 자기의 행위로 하나님을 만족시킬 수 있다고 여깁니다. 그래서 많이 모으고 크게 짓고, 자신들의 연합된 힘을 자랑합니다. 어떤 이는 몸을 학대하고 고통스럽게 함으로써 하나님을 만족시킬 수 있다고 생각합니다. 어떤 이는 금식이라는 종교적 열심으로 자신을 포장합니다. 그러나 어떤 삶으로도 영으로 계신 하나님께 가까이 나아갈 수 없습니다.

어렸을 때 착실히 예배에 참석하고 교회학교에 봉사했던 많은 이들이 오늘날은 주일 개념조차 없습니다. 예배 참석도 하지 않는 것이 현실입니다. 하나님 앞에 자신을 드리는 삶이 아니라 자신의 만족을 위한 종교생활이었기 때문이며, 그 어떤 행위나 열심으로는 세마포장을 걷거나 넘어설 수 없기 때문입니다.

하나님은 우리가 세상의 빛으로 등경 위에 서 있기를 원하십니다. 세상이 우리를 통해 하나님을 볼 것이기 때문입니다. 살아계신 하나님은 우리와 관계 맺기 위해 다가오시며 말씀하십니다. 한 번도 멈추시거나 외면하신 적이 없으십니다. 정작 우리가 하나님께서 보여주셔도 보지 못하고, 말씀하셔도 듣지 못하고 외면할 뿐입니다.

몸의 역할

몸은 우리가 하나님의 영광을 나타내는 도구이고 씨앗을 담은 그릇이며, 씨앗을 뿌리는 도구인 동시에 씨앗이 자라고 열매 맺는 밭입니다. 하나님은 우리의 기도를 받으시고 행위를 달아보십니다. 기도와 행위는 하나님 앞에서 씨앗과 같습니다. 우리가 기도하지 않고 행동하지 않으면 하나님은 땅에서 임의로 무엇을 하지 않으십니다. 땅의 일은 사람에게 맡기셨기 때문입니다. 또 땅으로 지음 받은 우리에 대해서도 마음대로 하지 않으십니다.

우리의 행위는 다음에 있을 일의 씨앗이 됩니다. 행위가 하나님 앞에서 씨앗이 되는 일은 성경에서 쉽게 찾을 수 있습니다. 예컨대 예수님이 십자가에 달려 죽은 후 무덤에서 다시 살아나오기 위해서는 예수님이 살아나실 수밖에 없는 씨뿌리는 사건이 있어야만 했습니다.

아브라함은 독자 이삭을 모리아산에서 제물로 드렸습니다. 물론 하나님의 명령과 아브라함의 상식을 뛰어넘는 순종이 어우러진 사건이었습니다. 이때 이삭 한 사람이 제물이 되었지만, 이삭 안에는 하늘의 뭇 별과 같은 약속의 씨앗들이 들어있었습니다. 아브라함의 순종으로 제단에 올려진 것은 표면적으로는 이삭 한 사람이었습니다. 그러나 실상은 하늘의 별과 같은 약속의 씨앗들이었습니다. 비록 그 후손들이 여전히 죄에 길들어 있었지만, 그들은 하나님께 제물로 드려진 하나님의 것이었습니다. 하나님은 죽은 자의 하나님이 아니라 모든 산자의 하나님이십니다. 비록 죄로 인해 죽었지만 믿음 안에서 제물로 드려진 이들을 살리시고 구원하시는 것은 하나님의 합법적 권한이었습니다.

아브라함이 이삭을 번제로 드렸던 모리아 산은 바로 예수님이 못 박히신 곳입니다. 모리아 산 사건이 없었으면 예수님은 십자가에 달리실 수 없었고 무덤에서 살아 나오실 수 없었습니다. 사람에 대한 하나님의 일방적인 사랑은 언제나 사탄의 공격대상이 되기 때문입니다. 하나님께서 욥의 순진함과 정직함과 경외함을 말씀하셨을 때 사탄이 바로 태클을 걸었던 것과 같습니다.

> 사탄이 여호와께 대답하여 가로되 욥이 어찌 까닭 없이 하나님을 경외하리이까? 주께서 그와 그 집과 그 모든 소유물을 산울로 두르심이 아니니이까? 주께서 그 손으로 하는 바를 복되게 하사 그 소유물로 땅에 널리게 하셨음이니이다
>
> 욥 1:9-10.

하나님께서 우리에게 베푸신 후 사탄으로부터 공격을 받지 않는 방법은 빚을 갚으시는 것입니다. 우리가 하나님께 순종한 것에 대해 보상하시는 것이 바로 그것입니다. 사탄은 본질적으로 하나님께 순종할 수 없습니다. 순종이 없으니 하나님께서 갚아야 할 빚도 없습니다. 하나님께서 베풀어야 할 보상도 없습니다.

하나님께서 우리가 행한 대로 갚으시는 것은 사랑의 빚 외에는 아무 빚도 지지 않으시는 분이기 때문입니다. 하나님께서 우리를 위해 많은 것을 예비하셨습니다. 그것을 받을 수 있는 근거는 우리가 만들어야 합니다. 말씀에 순종하는 자가 받습니다. 우리의 순종은 하나님께서 갚으셔야 하는 빚이 되며, 순종하는 순간 하나님은 채무자가 되십니다.

사람의 행위가 하나님 앞에서 씨앗이 된 사건은 한 여인의 옥합을 통해서도 알게 됩니다. 예수님이 베다니 문둥이 시몬의 집에 계실 때, 한 여인이 옥합을 들고 왔습니다. 300데나리온 이상 나가는 순전한 나드가 들어있었습니다. 300데나리온은 당시 성인 남자의 300일치 품삯입니다. 여인은 옥합을 깨뜨려 예수님의 머리에 부었습니다. 아낌없이 조금도 남기지 않기 위함이었습니다. 여인에게 있어서 매우 값진 순전한 나드 한 옥합은 단순한 물건이 아니었습니다. 바로 자기 자신이었습니다.

현장을 지켜보던 사람들은 화를 내며 여인을 책망했습니다. 이때 예수님은 여인이 "내 장례를 미리 준비했다."고 하셨습니다. 그리고 "복음이 전파되는 곳에는 여인의 행한 일을 말하여 그를 기억하리라"고 하셨습니다. 그리고 여인이 옥합을 깨뜨려 부은 이 사건은 예수님께서 갚아야 할 엄청난 빚이 되었습니다.

여인은 향유를 붓고 그저 울기만 했습니다. 여인은 자신이 한 일이 다음에 있을 엄청난 일을 위한 씨앗이라는 것을 몰랐습니다. 유월절 엿새 전에 말할 수 없는 감사함으로 행했던 이 일이 유월절 때에 엄청난 결과를 가져 왔습니다.

유월절의 예비일 날에 예수님은 머리에 가시관을 쓰시고 십자가에서 못 박히셨습니다. 그렇다고 해서 모든 피가 흘러내린 것은 아니었습니다. 지켜보던 로마 군병 롱기누스가 창으로 옆구리를 찔렀고, 그때 물과 피가 쏟아졌습니다. 창이 예수님의 옆구리를 뚫고 심장을 파열시켰기 때문입니다. 여인이 자신의 보배로운 옥합을 깨뜨린 사건은 예수님께서 심장을 깨뜨려 갚아야 할 빚이 되었습니다. 우리의 어떤 말과 행함이 있기 전에는 하나님 앞에서 어떤 일도 일어나지 않는다는 사실을 분명히 보여줍니다.

바깥뜰에서의 우리의 삶은 항상 열매를 맺습니다. 선한 열매를 맺기도 하고 악한 열매를 맺기도 합니다. 그런데 열매를 맺었다고 해서 끝이 아닙니다. 열매 안에는 수많은 씨앗이 들어있기 때문입니다. 사람이 땅에 있는 동안은 심음과 거둠이 쉬지 않을 것이라는 하나님의 법칙이 있습니다. 우리는 이 땅에서 영원을 위해 무엇을 심고 무엇을 거두고 있는지를 생각해야 합니다.

바깥뜰의 기도

> 모르드개가 이 모든 일을 알고 자기의 옷을 찢고 굵은 베 옷을 입고 재를 뒤집어쓰고 성 중에 나가서 대성통곡하며 대궐문 앞까지 이르렀으니 굵은 베 옷을 입은 자는 대궐문에 들어가지 못함이라 에스더 4:1-2.

바벨론 수산 성에서 대궐문을 지키던 모르드개는 사울과 같은 베냐민 지파 사람입니다. 유다인이면서도 '크세르크세스'로 불리우는 바벨론 왕 아하수에로의 대궐문을 지킨 것을 보면 그는 공정하고 신실한 사람임을 알 수 있습니다. 조카 에스더는 왕후가 되었고, 모르드개는 내시로 있던 빅단과 데레스 두 사람이 왕을 모살하려는 것을 알게 되었습니다. 빅단은 '신의 선물'이라는 뜻입니다. 데레스는 '견고하다. 강직하다.'는 뜻입니다. 빅단은 신의 선물로 일컬어지는 지성을 상징합니다. 데레스는 강직한 의지를 상징합니다. 이들은 에스더 이전에 왕후로 있던 와스디를 추앙했던 자들입니다. 왕이 모살되면 왕후가 된 에스더와 모르드개도 함께 죽을 수밖에 없는 상황이었습니다.

사울과 같은 베냐민 지파 사람이 왕후가 되어 왕의 신임을 얻을 때, 그들 앞에 등장한 인물이 아각사람 하만입니다. 그는 하나님께서 사울에게 모두 멸하라고 하셨던 아말렉 왕 아각의 후손입니다. 하만은 다른 대신들보다 높은 지위를 가진 자로서 모르드개가 자신에게 꿇어 절하지 않았다는 이유로 모든 유다인들을 진멸하려고 했습니다. 하만은 왕에게 간계를 써서 왕의 인장 반지를 받은 후, 전국의 모든 유다인을 진멸하라는 조서를 만들고 인장을 찍어 반포했습니다. 사울에 의하여 진멸당할 처지에 있던 그들 중 살아남은 아각의 후손이 이제 사울의 후손과 유다인을 모두 진멸하려 한 것입니다.

하만의 흉계를 들은 모르드개는 옷을 찢고 붉은 베 옷을 입고 재를 무릎 쓰고 대성통곡하며 대궐까지 갔습니다. 그러나 대궐문을 지키는 자가 대궐문 안으로 들어가지 못했습니다. 자신이 할 수 있는 최선을 다했지만 어떤 것도 바꿀 수 없었습니다. 우리도 이런 실수를 할 수 있습니다. 문 앞까지 왔으나 문 안으로 들어가지 못하는 악순환을 되풀이할 수 있습니다. 모르드개는 대궐문 밖, 바깥뜰에 있었기 때문입니다. 바깥뜰에서의 외침은 왕의 귀를 울릴 수 없었습니다.

이방인의 기도

광야 여정에서 최고의 축복은 창고가 넘치는 것이 아닙니다. 필요한 것이 때에 맞게 공급되는 것입니다. 이것이 기적 중의 기적입니다. 길을 가는 자는 목마르지 않고 배고프지 않으면서 등짐이 가벼워야 하기 때문입니다.

광야를 지나는 이스라엘 백성에게 하나님은 만나와 생수의 공급자이셨습니다. 뜨거운 햇살과 밤의 추위를 막아주는 매일의 보호자이셨습니다. 광야를 안전하게 지나도록 안내하는 인도자이셨습니다. 기도를 들으시는 응답자이셨습니다. 애굽 군대를 이기고 아말렉을 물리친 승리자이셨습니다. 그러나 이스라엘은 만족할 수 없었습니다.

애굽에서 먹던 고기를 그리워했고 하나님을 원망하고 불신했습니다. 하나님은 그들에게 한 달 동안 메추라기를 몰아주셨습니다. 이것은 기도의 응답이 아니라 원망과 탐욕에 따른 재앙이었습니다. 하나님은 이스라엘을 위해 모든 것을 내어줄 수 있는 관계로 대하셨지만, 이스라엘은 하나님을 자신들의 필요를 채우는 존재로 대했습니다. 이것은 머리로 하는 종교생활입니다.

이스라엘 백성은 애굽에서 받는 고역으로 인해 하나님께 부르짖었습니다. 힘든 고역이 하나님을 찾게 했습니다. 그러나 애굽에서 나와 광야 여정을 걸어가는 모습을 보면, 그들은 단지 자신들의 필요를 채워주는 하나님을 원했던 것 뿐이었습니다.

홍해 앞에서 자신들을 뒤따르는 바로의 군대를 보았을 때 그들은 모세를 책망하면서 애굽에서 죽는 것이 낫겠다고 했습니다. 곧이어 홍해에서 구원을 얻었을 때는 하나님을 찬양했습니다. 그러나 먹고 마시는 문제 앞에서 원망을 쏟아내었습니다. 그들이 하나님께 기도하는 이유는 오로지 먹고 마시는 문제 때문이었습니다. 하나님의 뜻을 구할 생각은 전혀 없었습니다.

하나님은 눈이 먼 하나님이 아니십니다. 모든 것을 보시고 모든 것을 아십니다. 광야로 인도하는 분이 하나님이시라면, 필요한 모든 것은 이미 예비하셨고 때를 따라 공급하실 것입니다. 하나님은 광야에서 부르짖었던 백성의 이 같은 기도에 대하여 무엇이라 말씀하십니까?

> 그러므로 염려하여 이르기를 무엇을 먹을까 무엇을 마실까 무엇을 입을까 하지 말라 이는 다 이방인들이 구하는 것이라 너희 하늘 아버지께서 이 모든 것이 너희에게 있어야 할 줄을 아시느니라 마 6:31-32.

백성의 기도는 바로 성막에 들어가지 못하는 이방인의 기도였습니다. 이방인의 신은 사람이 나무와 돌로 만든 신입니다. 보지 못하고 듣지 못하고 말하지 못하는 것들입니다. 그래서 이방인들은 자신의 필요를 조목조목 부르짖습니다. 그러나 하나님은 모든 것을 보시고 모든 것을 아십니다. 자녀에게 필요한 것이 무엇인지도 이미 아십니다. 하나님께서 아시는 것을 지적할 필요는 없습니다. 그것은 하나님을 조종하는 것이기 때문입니다.

하나님은 무엇이든 구하는 것에 대하여 조건을 달아 놓으셨습니다. 정욕을 위하여 구하지 말라는 것입니다. 그런데 거의 대부분 정욕을 위하여 구합니다. 우리는 하나님의 거룩한 뜻을 구하는지, 아니면 자기의 정욕이라는 감정의 만족을 위해 구하는지를 점검해 보아야 합니다.

우리에게는 각자 다른 다양한 부르심이 있습니다. 하나님은 부르심에 맞게 걸어가야 할 길도 다르게 하시고, 받아야 할 은혜의 분량과 모양과 때를 다르게 하십니다. 앞집 사람이 받은 부르심과 은혜의 분량이 있고, 우리가 받은 부르심과 은혜의 모양이 있고, 뒷집 사람이 받은 부르심과 은혜의 때가 있습니다. 문제는 모두가 더 큰 것을 더 빠른 시간에 더 많이 받으려는데 있습니다. 이것이 탐욕입니다. 하나님께서 우리 각자에게 각각 필요한 것을 가장 적당한 때에 주시는 분이심을 잊는 순간 우리는 탐욕에 빠질 수 있습니다.

이방인이 하는 기도의 특징은 스스로 결론을 맺는데 있습니다. 만약 하나님께서 우리가 짜놓은 결론대로 실행해 주실 것을 구했다면, 우리는 하나님을 조종하고 있는 것입니다.

"내가 원통합니다. 원수를 갚아 주옵소서!" "내가 아픕니다. 고쳐 주옵소서!" "내가 죽게 되었습니다. 살려 주옵소서!" 이것은 모르드개처럼 대궐 안으로 들어가지 못한 사람이 바깥뜰에서 구하는 기도입니다.

하나님은 이미 우리의 상황을 아십니다. 하나님이 아시는 것을 지적할 필요는 없습니다. 다만 하나님께 의견을 제시하고 하나님의 뜻을 물어야 합니다. "아버지 너무나 원통한 이 마음을 어떻게 할까요?" "몸이 아픕니다. 무엇을 하면 좋겠습니까?" "제가 죽게 되었습니다. 어떻게 하면 살 수 있을까요?" 그리고 응답을 기다려야 합니다. 하나님의 응답은 항상 우리의 기대를 넘어선 놀라움으로 채워집니다. 대궐문 밖에서 통곡하는 모르드개의 기도는 무엇이었겠습니까? 자신과 민족을 살려달라는 기도였을 것입니다. 그러나 왕궁 안뜰 왕의 앞에는 더 크고 놀라운 응답이 기다리고 있었습니다.

경솔한 기도

제멋대로 자기 의견을 내놓고 경솔하게 예수님의 이름을 말하는 사람은 하나님과 거리가 먼 사람입니다.[20] 사실 하나님께 가까이 있는 사람은 기도조차 조심합니다. 하나님의 영광에 손상을 끼칠까 두렵기 때문입니다. 하나님을 대면한 사람은 모든 면에서 더욱 조심하고 자기를 경계합니다. 자기 의견을 고집하거나 소리치지 않습니다. 하나님 앞에 선 자는 자신이 너무나 보잘 것 없는 피조물이라는 사실을 알기 때문입니다.

우리는 누구나 예수님의 이름으로 기도합니다. 각자 마음에 원하는 소원이 있고, 그것을 구하는 것은 자녀의 특권입니다. 그러나 원하는 것을 구하기 위해 마음의 상태를 점검하는 것은 자녀의 의무입니다.

우리는 자녀로서 하나님께 나아갑니다. 왕과 제사장으로 나아가지만 동시에 종으로써 나아갑니다. 종은 그 무엇도 자기가 원하는 대로 할 수 없습니다. 종은 주인이 원하는 대로만 해야 합니다.

기도는 우리의 뜻을 관철하기 위해 하나님을 조종하는 것이 아닙니다. 하나님의 뜻에 따라 자신이 해야 할 일을 묻는 것이 우리의 기도이기 때문입니다.

탐욕의 기도

우리는 무엇을 기도할지 하나님께 물어야 합니다. 우리의 혼은 대부분 삶에 필요한 것 이상의 욕심을 추구합니다. 욕심이 하나님과 우리 사이에 들어오는 순간 하나님과 우리 사이는 좋아질 수 없습니다. 욕심과 탐욕은 한 끗 차이입니다. 욕심은 마음의 문제이고, 탐욕은 욕심이 자라서 외부적으로 드러난 것입니다.

탐욕은 사탄이 하나님을 대적할 때 드러난 것입니다. 아담과 하와가 하나님처럼 되고자 할 때도 드러났습니다. 인간이 하나님에게서 멀어지고 그 결과 죽을 수밖에 없는 근거를 제공했던 것이 탐욕입니다. 탐욕은 보아야 할 것을 보지 못하게 하고, 들어야 할 것을 듣지 못하게 합니다. 이런 탐욕의 시작이 바로 욕심입니다. 마음에 욕심을 품고 하나님 앞에 나아간다면 하나님과의 온전한 관계는 이루어지지 않습니다. 하나님은 우리를 위해 자신을 비우신 분이기 때문입니다.

다른 어떤 것보다 하나님을 더 사모하고 원할 때 우리의 문제가 해결됩니다. 신앙의 목적은 '하나님과 함께' 입니다. 예배의 목적은 '하나님 앞에서' 입니다. 기도 목적은 '하나님의 생각' 입니다. 삶의 목적은 '하나님처럼' 입니다. 우리가 살아가는 목적도 하나님이고, 자녀들이 잘되어야 하는 이유도 하나님입니다. 다른 것은 없습니다. 오로지 하나님뿐입니다. 우리가 이 땅에서 살아가는 이유가 하나님 나라를 이 땅에 나타내는 것이기 때문입니다.

미 주

1) 손기철, 「수수께끼 같던 영혼몸의 비밀이 풀린다」,
　　　(서울: 규장, 2021), p. 134.
2) 「카리스종합주석, 신약 제2권」, 강병도 편저,
　　　(서울: 기독지혜사, 2005), p. 193 참조.
3) 팔머 로벗슨, 「계약신학과 그리스도」, 김의원 역,
　　　(서울: 기독교문서선교회, 2004), p. 106.
4) 블레즈 파스칼, 「팡세」, 최종훈 역, (서울: 두란노 서원, 2022), p. 104.
5) 달라스 윌라드, 「마음의 확신」, 윤종석 역, (서울: 복있는 사람, 2018), p. 185.
6) R.C. 스프로울, 「거룩함으로 나아가라」, 조계광 역,
　　　(서울: 생명의 말씀사, 2020), p. 51-52.
7) A.W.토저, 「내 자아를 버려라」, 이용복 역, (서울: 규장, 2018), p. 17.
8) 제임스 타이먼, 「모세의 코드」, 다니엘 최 역, (경기: 행복우물, 2022), p. 123.
9) 페트릭 몰리, 「어떻게 살 것인가?」, 김광남 역,
　　　(경기: CH북스, 2020), p. 73-74 참조.
10) 더치 쉬즈, 「회복」, 김지현 역, (서울: 두란노, 2007), p. 139.
11) 폴 킷 데이비스, 「추수의 천사들」, 임정아 역, (서울: 큰믿음, 2010), p. 50.
12) 바바라 웬트로블, 「당신은 기름부음 받은 자」, 권지영 역,
　　　(서울: Shekinah, 2007), P. 197.
13) 샘 올베리, 「하나님은 우리 몸에 대해 뭐라고 말씀하실까?」,
　　　(서울: 생명의 말씀사, 2023). p. 138. p. 160.
14) 호세 마리아 마르도네스, 「우리 안의 가짜 하나님 죽이기」, 홍인식 역,
　　　(서울: 신앙과지성사, 2018), p. 69.
15) 알렌 키란, 「당신의 운명을 장악하라」, 장보석 역,
　　　(서울: 순전한 나드, 2009), p. 64.
16) 로버트 스턴스, 「모르드개의 통곡」, 임정아 역,
　　　(서울: 순전한 나드, 2010), p. 72.
17) 허남억, 「창세기의 예언으로 본 인간의 역할과 하나님의 성취」,
　　　(서울: 엠북스, 2012), p. 122.

18) 위치만 니, 「영에 속한 사람 2」, 정동섭 역,
 (서울: 생명의말씀사, 2018), p. 266.

19) 조니 엘로우, 「일곱산에 관한 예언」, 김동현 역,
 (서울: 순전한 나드, 2009), 참조.

20) 워치만 니, 「영적 권위」, 권혁봉 역, (서울: 생명의말씀사, 2016), p. 149.

참고문헌

- A.W.토저, 「내 자아를 버려라」, 이용복 역, 서울: 규장, 2018.
- R.C. 스프로울, 「거룩함으로 나아가라」, 조계광 역, 서울: 생명의 말씀사, 2020.
- 강병도 편저, 「카리스종합주석, 신약 제2권」, 서울: 기독지혜사, 2005.
- 달라스 윌라드, 「마음의 확신」, 윤종석 역, 서울: 복있는 사람, 2018.
- 더치 쉬즈, 「회복」, 김지현 역, 서울: 두란노, 2007.
- 로버트 스턴스, 「모르드개의 통곡」, 임정아 역, 서울: 순전한 나드, 2010.
- 블레즈 파스칼, 「팡세」, 최종훈 역, 서울: 두란노 서원, 2022.
- 샘 올베리, 「하나님은 우리 몸에 대해 뭐라고 말씀하실까?」, 서울: 생명의 말씀사, 2023.
- 손기철, 「수수께끼 같던 영혼몸의 비밀이 풀린다」, 서울: 규장, 2021.
- 알렌 키란, 「당신의 운명을 장악하라」, 장보석 역, 서울: 순전한 나드, 2009.
- 워치만 니, 「영적 권위」, 권혁봉 역, 서울: 생명의말씀사, 2016.
- 위치만 니, 「영에 속한 사람 2」, 정동섭 역, 서울: 생명의말씀사, 2018.
- 제임스 타이먼, 「모세의 코드」, 다니엘 최 역, 경기: 행복우물, 2022.
- 조니 엘로우, 「일곱산에 관한 예언」, 김동현 역, 서울: 순전한 나드, 2009.
- 팔마 로벗슨, 「계약신학과 그리스도」, 김의원 역, 서울: 기독교문서선교회, 2004.
- 페트릭 몰리, 「어떻게 살 것인가?」, 김광남 역, 경기: CH북스, 2020.
- 폴 킷 데이비스, 「추수의 천사들」, 임정아 역, 서울: 큰믿음, 2010.
- 허남억, 「창세기의 예언으로 본 인간의 역할과 하나님의 성취」, 서울: 엠북스, 2012.
- 호세 마리아 마르도네스, 「우리 안의 가짜 하나님 죽이기」, 홍인식 역, 서울: 신앙과지성사, 2018.

C·O·N·T·E·N·T·S 보좌를 경험하라 2

서 문 열린 문 앞에 서는 자

성막뜰 사람들이 왜 여기서 돌아가지? 저건 자기들이 만든 십자가인데!

    성막의 문

    성막뜰

      ·지성과 의지 ·몸 - 성령의 전 ·제사장의 일

    번제단

      ·의지 ·번제단의 의미 ·성소로 - 아브라함 ·성소로 - 요셉

    물두멍

      ·지성 ·씻음의 의미 ·회개 ·우상숭배 ·용서 ·불완전한 자기사랑

    성막뜰의 기도

      ·'자기 의'의 기도 ·바울 - 바리새인 예배자 ·감동 ·위장된 친밀함

      ·한계상황 ·성소로

성소(안뜰) 보좌를 경험하라

    은밀한 안뜰

    성소 안으로

      ·마음의 집 ·비움 ·감정 ·아이의 감정이입 ·감정과 삶

      ·감정 - 이기심 ·깨어짐의 의미

    떡상

      ·자기의 - 우상 ·부서진 알곡 ·하나님의 일

등대
·자연적 본성 ·본성의 열매 ·일곱 영

분향단
·중보의 상급 ·소돔과 고모라 ·이리로 올라오라!

성소(안뜰)의 기도
·친밀한 기도 ·돌파의 시작 ·사랑의 중보

변화와 성숙 오직 사랑 안에서 참된 것을 하여 범사에 그에게까지 자랄지라

구원의 과정
·소수정예 ·믿음의 영향력 ·겸손 ·사랑의 모양